CONSPIRATION

POUR L'ÉGALITÉ

DITE DE BABEUF.

ASSOCIATION D'OUVRIERS.

DESOYE ET Cᵉ, IMPRIMEURS, RUE DE SEINE, 32, A PARIS.

CONSPIRATION
POUR L'ÉGALITÉ
DITE DE BABEUF

SUIVIE DU PROCÈS AUQUEL ELLE DONNA LIEU, ET DES PIÈCES JUSTIFICATIVES, ETC.

Par PH. BUONARROTI

Eas enim optimas esse leges putandum est quibus non divites sed honesti prudentesque homines fiant.

(*Diod. Sic. lib.* 2, *cap.* 5.)

PARIS
AU BUREAU DE LA PROPAGANDE
démocratique et sociale
1, RUE DES BONS-ENFANTS, 1.
1849

te
po
sy
au
P
m
in
hé
LI

A Armand BARBÈS.

En vous dédiant cette nouvelle édition de l'histoire de la conspiration de BABEUF, *je ne viens pas seulement vous donner un témoignage de ma sympathie pour votre personne; ce que j'ai voulu, avant tout, c'est accomplir un acte de justice. Pouvais-je, en cette circonstance, le faire d'une manière à la fois plus complète et plus vraie qu'en inscrivant votre nom à côté de celui d'un des plus héroïques martyrs de la sainte cause de* L'ÉGALITÉ?

L'ÉDITEUR,

JULES PELLET.

Paris, le 28 mai 1849.

AVANT-PROPOS.

Un moment avant notre condamnation, Babeuf et Darthé[1] reçurent de moi, sur les bancs de la haute-cour de Vendôme, devant la hache aristocratique qui allait les frapper, la promesse de venger leur mémoire, en publiant un récit exact de nos intentions communes, que l'esprit de parti avait si étrangement défigurées. Près du terme de la vie, il est temps que je m'acquitte de cette obligation, que plusieurs circonstances m'ont empêché de remplir plus tôt.

D'autres devoirs, une longue et rigoureuse détention, suivie d'une surveillance plus longue et souvent fort gênante, sur trois extrémités opposées de la France, m'ôtèrent pendant longtemps la

(1) La peine de mort venait d'être requise contre eux, et celle de la déportation contre Germain, Moroy, Gazin, Bouin, Méneissier, Blondeau et moi.

possibilité de discuter, avec des témoins oculaires, les causes des grands événements de la révolution, et de me procurer quelques pièces qui m'étaient nécessaires pour éclaircir certains faits que je me proposais de faire connaître. Cependant il m'eût été possible de publier cet ouvrage beaucoup plus tôt, si je n'avais été arrêté par la crainte de fournir de nouveaux prétextes aux animosités et aux persécutions. Aujourd'hui, pressé par l'âge, je me décide à le faire paraître, avec d'autant plus d'assurance, que d'un côté, les hommes de l'époque ont presque disparu; et que de l'autre, les doctrines politiques actuelles étant à une distance infinie de celles que professaient les démocrates de l'an IV de la révolution française, nul rapprochement dangereux n'est plus à redouter. D'ailleurs il est juste que le parti démocratique soit enfin connu sous ses véritables couleurs.

Ayant à rendre compte d'une entreprise fort audacieuse, j'ai dû faire voir comment nous y fûmes conduits, et il m'a semblé que je ne pouvais le faire qu'en rappelant l'état où était alors la révolution, les phases successives qui l'y avaient amenée, et les vertus ou les vices qui nous paraissaient avoir exercé sur elle quelque influence. Aussi ai-je commencé ma narration par un aperçu rapide de cette révolution, jusqu'au temps où se passèrent les événements que je raconte : je n'ai pas prétendu en écrire l'histoire, et n'ai voulu que peindre les impressions que nous en avions reçues.

Pour remplir la tâche que je me suis imposée, il ne suffisait pas de narrer ce que Babeuf et ses amis firent ou voulurent faire afin de mettre leur plan à exécution, il fallait aussi expliquer le but final qu'ils se proposaient, et dire comment ils s'en démontraient la justice et la nécessité; j'ai donc dû faire marcher de front le récit des faits avec le développement de leurs doctrines et de leurs projets.

Mes souvenirs, les écrits des conspirateurs, les pièces de la procédure qui fut instruite contre eux, et quelques fragments jusqu'ici inconnus sont les sources où j'ai puisé tout ce que j'affirme relativement à la conspiration.

Tous les papiers ne furent pas saisis par la police; quelques-uns de ceux que Babeuf n'avait pas auprès de lui, furent détruits par de trop prudents amis; j'ai pu en recouvrer d'autres que je publie dans l'état d'imperfection où ils m'ont été remis.

Je n'ignore pas que les principes politiques et économiques que j'ai dû exposer rencontreront beaucoup de désapprobateurs; ce n'est pas une raison pour ne pas les publier : d'autres prétendues erreurs sont devenues des vérités incontestables. N'est-il pas des hommes que le clinquant de la société civilisée et les systèmes prônés par ceux qui s'arrogent le droit de diriger l'opinion, n'éblouissent pas? Ils apprécieront peut-être l'importance de ces principes, et donneront quelques regrets à la mémoire des citoyens courageux qui, pénétrés de leur justice et fiers d'exposer leur vie pour les soutenir, les scellèrent enfin de leur sang.

Fortement lié à eux par la conformité de nos sentiments, je partageai leur conviction et leurs efforts, et si nous nous trompions, notre erreur était au moins complète : ils y persévérèrent jusqu'au tombeau; et moi, après y avoir depuis et longtemps réfléchi, je suis demeuré convaincu que cette égalité qu'ils chérissaient est la seule institution propre à concilier tous les vrais besoins, à bien diriger les passions utiles, à enchaîner les passions dangereuses, et à donner à la société une forme libre, heureuse, paisible et durable.

PHILIPPE BUONARROTI.

CONSPIRATION

POUR L'ÉGALITÉ

DITE DE BABEUF.

Partis et leurs caractères pendant la révolution française.

Parmi les partis qui firent prendre à la révolution française tant de couleurs diverses, il en est un qui doit fixer les regards du sage, par le dévouement constant avec lequel il consacra ses efforts à la délivrance réelle de l'humanité.

Tandis que l'ambition, la jalousie, l'avidité et l'amour irréfléchi des innovations entretenaient une lutte déplorable entre des hommes dont les uns combattaient pour rétablir l'ancienne monarchie, d'autres pour placer sur le trône de France une dynastie nouvelle, d'autres enfin pour transporter le pouvoir d'une caste à une autre caste, les uns et les autres pour s'attribuer exclusivement l'autorité et les jouissances dont elle est la source, il se forma lentement une classe de citoyens qui, mûs par des principes bien différents, désiraient aussi un grand changement politique, mais un changement opposé aux vues et aux passions de tant d'instigateurs intéressés de troubles civils.

On vit en effet plusieurs sectes politiques chercher à

donner à la France de nouvelles formes d'administration; mais peu d'hommes aspirèrent, en faveur de la masse du peuple, à la réforme entière de la société.

C'est ainsi que la foule de ceux qui figurèrent sur la scène de la Révolution, bornèrent leurs efforts à faire prévaloir un ordre de gouvernement sur un autre, sans trop s'occuper du sort de ceux en faveur de qui tout gouvernement légitime doit exister : c'est ainsi que tant de prétendus législateurs ont cru avoir fondé une République, par cela seul qu'ils avaient condamné un roi et substitué l'autorité de plusieurs à celle d'un seul.

L'intérêt et les principes furent les causes de nos divisions pendant la Révolution. Tandis que les uns défendaient un système parce qu'ils le croyaient bon, d'autres en bien plus grand nombre se jetaient dans le parti qui leur paraissait plus favorable à leurs vues de fortune ou d'ambition : les premiers suivirent constamment la voie qu'ils s'étaient tracée, les seconds changèrent de conduite au gré des circonstances et des passions.

Ce ne fut que successivement que l'on put attribuer à chaque secte politique son caractère particulier ; car plusieurs d'entre elles durent paraître agir dans le même sens, tant qu'elles eurent des ennemis communs à combattre. A chaque pas vers un nouveau degré d'amélioration, il se forma une nouvelle classe d'opposants intéressée au maintien des vices contre lesquels il était dirigé.

Si quelques nobles de l'Assemblée constituante parurent populaires à l'aurore de la Révolution, ils ne tardèrent pas à suivre une route opposée, dès que les premiers vœux pour la véritable égalité se firent entendre : si d'autres s'élevèrent contre la famille régnante dans le dessein de lui en substituer une autre, on les vit se ranger sous les drapeaux de la royauté, lorsque l'espoir fut enlevé à toutes les dynasties : si des prêtres applaudirent aux efforts des réformateurs contre les usurpations du haut clergé, ils devinrent les plus acharnés propagateurs du fanatisme, aussitôt que la nation se refusa à l'entretien de toute espèce de culte : si ceux qui avaient voulu exploiter à leur profit la royauté constitutionnelle se montrèrent dans les mêmes vues républicains, ils furent en opposition ouverte avec les plus ardents défenseurs de la République, dès que le peuple prétendit qu'elle fût la chose de tout le monde.

A travers les orages que devait nécessairement produire le mélange de tant d'éléments discordants, les hommes qui, depuis le commencement de la Révolution, avaient conçu l'espoir d'asseoir en France l'empire de la vraie justice, saisissaient avec empressement les occasions fréquentes que présentait une si grande fermentation, pour habituer leurs concitoyens à réfléchir sur leurs droits et pour les amener graduellement à désirer la chute de toutes les institutions vicieuses qui leur en interdisent la jouissance.

Les passions utiles ou dangereuses qui agitaient les Français en différents sens ont été pour ainsi dire représentées dans les assemblées qui ont exercé, depuis la Révolution, le pouvoir suprême : là se développèrent les vices les plus abjects et les vertus les plus sublimes : là fut donné le signal de tant de combats : là les membres de diverses sectes politiques saisirent et firent naître les occasions d'en faire prévaloir les systèmes et les intérêts.

Le parti qui demeura constamment attaché à la cause du peuple vit, à des époques marquées, se séparer de lui pour s'anéantir, les factions qui avaient concouru au triomphe de ses projets, jusqu'au moment où ils furent en contradiction avec leurs vues particulières.

Tant que la monarchie exista en France, le parti républicain parut très-nombreux, et quoiqu'on eût depuis longtemps aperçu les différences essentielles qui nuançaient ceux qui se rangeaient alors sous les bannières de la République, le 10 août 1792 vit combattre contre la cour une foule d'hommes qui se divisèrent ensuite et parmi lesquels il en est qui ont défendu depuis la cause des rois.

On comptait au nombre des combattants contre le gouvernement royal et de ceux qui applaudirent à leur triomphe, les hommes qu'animaient la jalousie et le ressentiment, et ceux que la probabilité d'une régence ou d'un changement de dynastie flattait par l'espoir d'une prochaine influence; cependant tout porte à croire que la plupart voulaient alors un gouvernement républicain, quoi qu'il y eût entre eux de grandes divergences et sur l'idée qu'ils s'en formaient et sur les passions qui le leur faisaient désirer.

Tous les systèmes de politique et d'économie publique servirent de motifs ou de prétextes aux dissensions de la Convention nationale. Les uns prônaient l'influence exclusive de la classe favorisée par la fortune et par l'éducation ; les autres regardaient la participation de tous à la souveraineté comme une condition essentielle du bonheur et de la tranquillité durables de la société ; ceux là soupiraient après les richesses, les superfluités et l'éclat d'Athènes ; ceux-ci voulaient la frugalité, la simplicité et la modestie des beaux jours de Sparte.

Cependant, ce n'est pas bien rendre la nature de ces dissensions que de les comparer aux systèmes politiques des anciens : il faut la chercher dans nos mœurs et dans nos connaissances en droit naturel.

Ce qui se passa en France immédiatement après la création de la République est à mes yeux l'explosion de la discorde toujours subsistante entre les partisans de l'opulence et des distinctions d'un côté et les amis de l'égalité ou de la nombreuse classe des travailleurs de l'autre.

Système d'égoïsme.

En remontant plus haut, on trouvera la source des discussions qui eurent lieu à cette époque dans la doctrine anglaise des économistes (1) d'une part, et de l'autre, dans

(1) Je comprends sous cette dénomination les écrivains et les administrateurs qui ont voulu soumettre à des réglements l'industrie

celle de J.-J. Rousseau, Mably et quelques autres sages modernes.

Rappelons-nous que de nombreux écrivains ont fait consister la prospérité des nations dans la multiplicité de leurs besoins, dans la diversité toujours croissante de leurs jouissances matérielles, dans une immense industrie, dans un commerce illimité, dans la rapide circulation des métaux monnoyés et, en dernière analyse, dans l'*inquiète et insatiable cupidité des citoyens* (1). Tantôt on a préféré l'entassement des propriétés territoriales en peu de mains, tantôt on s'est prononcé pour la multiplication des petits propriétaires; et tandis que les uns ont cru la misère et l'abrutissement de la partie productive nécessaires à l'opulence et à la tranquillité du tout, d'autres, en offrant la liberté illimitée de l'industrie et des transactions comme un moyen de remédier a l'inégalité établie, ont frayé le chemin à une nouvelle corruption et à de nouvelles inégalités.

Dès qu'on eut placé le bonheur et la force de la société dans les richesses, on fut nécessairement conduit à refuser l'exercice des droits à tous ceux qui n'offrent pas, par leur fortune, une garantie de leur attachement à un pareil ordre, réputé le bien par excellence.

Dans tout système social de ce genre, la grande majorité des citoyens, constamment assujettie à des travaux pénibles, est condamnée de fait à languir dans la misère, dans l'ignorance et dans l'esclavage (2).

et le commerce, ainsi que ceux qui ont opiné pour leur laisser la liberté la plus étendue.

(1) Il fut toujours difficile aux hommes de s'entendre pour établir un ordre social raisonnable. Ce fut par le commerce des superfluités et par les arts de luxe que nos pères arrachèrent sans violence aux favoris de la féodalité une partie de leurs richesses. Des esclaves devenant ainsi nécessaires à leurs maîtres en affaiblirent la puissance. Un mal qui servit de remède à un autre fut pris pour le suprême bien, au point que, pour beaucoup de gens, la liberté n'est autre chose que la faculté illimitée d'acquérir.

(1) Du grand nombre des salariés et du petit des salariants résulte

Système d'égalité.

Rousseau proclama les droits inséparables de la nature humaine ; il plaida pour tous les hommes sans distinction ; il plaça la prospérité de la société dans le bonheur de chacun de ses membres et sa force dans l'attachement de tous aux lois. La richesse publique est pour lui dans le travail et dans la modération des citoyens, et la liberté réside dans la puissance du souverain, qui est le peuple entier, et dont chaque élément conserve l'influence à la vie du corps social par l'effet de l'impartiale répartition des jouissances et des lumières.

Cet ordre social qui soumet à la volonté du peuple les actions et les propriétés particulières, encourage les arts utiles à tous, proscrit ceux qui ne flattent que le petit nombre, développe sans prédilection la raison de chacun, substitue à la cupidité l'amour de la patrie et de la gloire, fait de tous les citoyens une seule et paisible famille, assujettit chacun à la volonté de tous, personne à celle d'un autre, fut de tout temps l'objet des vœux secrets des vrais sages, et eut dans tous les siècles d'illustres défenseurs ; tels furent dans l'antiquité Minos, Platon, Lycurgue et le législateur des chrétiens ; et dans les temps plus rapprochés de nous, Thomas Morus, Montesquieu (1) et Mably (2).

nécessairement la misère des premiers. L'ignorance est, à la fois, une nécessité pour les travaillants surchargés, et une précaution pour ceux qui ont rejeté sur eux leur propre fardeau De la misère et de l'ignorance naît chez nous l'esclavage, qui est partout où les hommes ne peuvent ou ne savent pas faire usage de leur volonté.

Dirai-je que les économistes ont enfin trouvé un remède aux maux qui résultent du trop grand nombre des salariés ? Ils conseillent aux ouvriers de ne pas faire tant d'enfants. *Risum teneatis !..*

(1) *Esprit des lois*, liv. 4, chap. 6.

(2) Principes de Législation et ailleurs, *passim*. — Mably considère la *communauté des biens* comme le seul ordre conforme au vrai but de la société, qui est le bonheur durable de tous ses membres. Selon lui, tous les maux qui affligent la société humaine étant

On a nommé *ordre d'égoïsme* ou d'*aristocratie* (3) celui des économistes, et celui de Rousseau *ordre d'égalité* (2).

les effets de l'avarice et de l'ambition, la politique se réduit à l'art de comprimer efficacement ces passions : l'avarice ne peut être étouffée que par la communauté des biens ; celle-ci détruit la propriété individuelle, et, diminuant en même temps les attraits du pouvoir, elle est un rempart contre l'ambition, qui doit être aussi contenue par les mœurs et par les institutions.

(3) Cette dénomination a pour objet de faire entendre que, dans ce système, le ressort unique des sentiments et des actions des citoyens est l'intérêt purement personnel et indépendant de tout rapport avec le bien général.

(4) L'égalité, dont l'idée est la base de la sociabilité et la consolation des malheureux, n'est une chimère qu'aux yeux des hommes dépravés par l'amour de la richesse et de la puissance.

Tout système et toute passion à part, quel est l'homme qui, au fond de son cœur, ne reconnaisse un égal dans un individu de son espèce quel qu'il soit ? Quel est l'homme qui, placé dans la même situation, n'éprouve un égal frémissement de pitié, à l'aspect des souffrances de chacun de ses semblables ?

Ce sentiment, effet de nos premières expériences, est justifié par la raison qui nous enseigne que la nature a fait les hommes égaux : mais comment et en quoi ? c'est ce qu'il importe de bien connaître.

Ceux qui approuvent les inégalités sociales prétendent qu'elles sont inévitables, parce que, selon eux, elles tirent leur origine de celles que la nature a mises entre les individus de l'espèce humaine.

Les hommes, disent-ils, différant naturellement par le sexe, par la taille, par la couleur, par les traits, par l'âge et par la vigueur des membres, ne peuvent être égaux ni en puissance, ni en richesse ; l'égalité, soit naturelle, soit sociale, est donc un véritable être de raison.

Cependant, de ce que les différences dont nous venons de parler existent réellement, s'ensuit-il que les inégalités d'institution en sont les conséquences nécessaires ? A ce compte, l'opulence et l'autorité iraient toujours de pair avec la force, avec la grandeur, avec la beauté; ce qui n'est pas vrai à beaucoup près.

Il est, entre les hommes, disent les partisans de l'inégalité, une autre différence naturelle qui en met nécessairement une dans leurs lumières et dans leur position sociale ; c'est celle de l'esprit.

Dès que l'on put saisir les tendances des différentes sectes politiques qui s'agitèrent sur le théatre de la révolution, les esprits égarés par des cœurs corrompus s'attachèrent aux promoteurs de l'*ordre d'égoïsme*, et les cœurs

On est allé jusqu'à prétendre reconnaître, dans les éminences plus ou moins saillantes du cerveau, les signes infaillibles de nos penchants et de nos passions.

Cependant un sentiment secret paraît nous avertir que les choses n'ont pas été ordonnées ainsi par l'auteur de la nature, et que, si les hommes, communément bien organisés, n'ont pas tous la même aptitude à l'esprit, la différence qui existe entre eux sous ce rapport est bien moins l'effet de la diversité de leur conformation que de celle des circonstances dans lesquelles ils se sont trouvés placés. Qui peut douter que beaucoup d'hommes ignorants ne l'eussent pas été, s'ils avaient eu l'occasion de s'instruire? Le pâtre le plus grossier ne met-il pas, dans la direction de ses travaux et dans la discussion de ses intérêts, autant de finesse d'esprit qu'il en a fallu à Newton pour découvrir les lois de l'attraction? Tout dépend de l'objet vers lequel notre attention se dirige.

D'ailleurs, l'inégalité d'intelligence fût-elle aussi naturelle qu'on le prétend, il serait impossible d'y voir la source des différences de richesse et de puissance qui existent dans la société; car il n'est point vrai que les biens et l'autorité y soient communément le partage du savoir et de la sagesse.

Mais est-ce bien des qualités dont nous venons de parler qu'il s'agit? aucunement. L'égalité naturelle qu'on a en vue est cette uniformité de besoins et de sentiments qui naissent avec nous, ou se développent par le premier usage que nous faisons de nos sens et de nos organes.

Le besoin de se nourrir et celui de se reproduire; l'amour de soi; la pitié; l'aptitude à sentir, à penser, à vouloir, à communiquer ses idées et comprendre celles de ses semblables, et à conformer ses actions à la règle; la haine de la contrainte et l'amour de la liberté, existent, à peu près au même degré, chez tous les hommes sains et bien constitués. Telle est la loi de la nature d'où émanent, pour tous les hommes, les mêmes droits naturels.

Aux yeux de quiconque se reconnaît composé de deux substances de nature différente, une nouvelle raison en faveur de l'égalité naturelle se tire de la spiritualité du principe pensant; ce principe, qui constitue à lui seul tout le *moi* humain, étant indivisible et pur,

purs, dirigés par des esprits droits, durent nécessairement s'intéresser au triomphe complet de l'*ordre d'égalité.*

Faux amis de l'égalité.

Mais parmi les partisans du système basé sur l'égoïsme,

et dérivant toujours de la même source, est nécessairement égal dans tous les individus de notre espèce.

Il n'est pas douteux que l'inégalité des forces physiques ne puisse troubler, au moins momentanément, la jouissance de l'égalité naturelle ; ce fut probablement pour obvier à ce mal qu'on eut recours aux conventions, et que la société civile fut instituée.

Faute de prévoyance, on s'est précipité dans un malheur plus grand que celui qu'on avait voulu prévenir. L'égalité établie par la nature et avouée par la raison a été violée dans la société par une suite de ces mêmes conventions qui furent destinées à la maintenir. Aux inconvénients passagers, produits par l'inégalité des forces physiques, ont été substitués d'autres inconvénients plus funestes, plus permanents et plus inévitables, par l'inégalité conventionnelle de richesse et de puissance. Ainsi, par une étrange métamorphose, les plus sots, les plus vicieux, les plus faibles et les moins nombreux sont parvenus à surcharger de pénibles devoirs et à priver de la liberté naturelle la masse des plus forts, des plus vertueux et des plus instruits.

De l'inégale répartition des biens et du pouvoir naissent tous les désordres dont se plaignent avec raison les neuf dixièmes des habitants des pays civilisés. De là viennent pour eux les privations, les souffrances, les humiliations et l'esclavage. De là vient aussi cette inégalité de lumières, que, par des motifs intéressés, on attribue faussement à l'inégalité exagérée des esprits.

C'est donc à resserrer dans de justes bornes la richesse et la puissance des individus que doivent tendre les institutions d'une véritable société ; la puissance, en soumettant également tous les citoyens à la loi émanée de tous ; la richesse, en ordonnant les choses de manière que chacun ait assez, et que personne n'ait rien de trop. Voilà en quoi consiste l'égalité dont on parle dans cet ouvrage.

A la vérité, au point où en sont les choses, cette égalité se réduit à peu près à celle des richesses, qui forment, presque à elles seules aujourd'hui, le prix de la puissance, aussi bien aux yeux de ceux qui commandent qu'aux yeux de ceux qui obéissent.

outre ceux que de vieux préjugés y attachaient, il y en avait qui aspiraient à conserver, et d'autres qui voulaient conquérir les jouissances exclusives et la prééminence. Ceux-ci, dénués de toute vertu, affichèrent l'amour de l'égalité, et parurent en affectionner les amis sincères, tant qu'ils purent se flatter d'en empêcher l'établissement, et de faire tourner à leur profit la fermentation générale qu'ils avaient eux-mêmes provoquée.

Efforts et progrès du parti de l'égalité.

Depuis les premiers jours de la Révolution, les amis de l'égalité, c'est-à-dire de la justice, s'étaient efforcés d'en préparer le triomphe, en s'opposant de loin aux vues des partis qui en étaient les ennemis. Sous l'Assemblée constituante, ils combattirent l'injuste distinction des citoyens en actifs et non actfs, la contribution du marc d'argent exigée pour condition d'éligibilité à la représentation nationale, le *veto* royal et la loi martiale ; ils tonnèrent à la fois contre les royalistes déclarés et contre ceux qui se cachaient sous un vernis le patriotisme ; proposèrent l'impôt progressif ; s'opposèrent à la réhabilitation du roi, après son retour forcé de Varennes ; soutinrent le courage des patriotes près de s'évanouir après le massacre du Champ-de-Mars, et démêlèrent les complots aristocratiques de ceux qui demandaient malicieusement la république : sous la première législature, ils dénoncèrent le renvoi des militaires patriotes ; firent voir le piége caché sous la déclaration de guerre à l'Autriche ; firent décerner des couronnes aux soldats suisses de Châteaux-Vieux ; démasquèrent la dissimulation de la cour, les crimes des ministres, les trahisons de Narbonne et la marche tortueuse de la Gironde ; et conservèrent le feu sacré que les puissants et les riches voulaient étouffer par la calomnie et par la persécution.

Ce fut surtout après le 10 août 1792, que les hommes que je viens de désigner conçurent les plus flatteuses espérances, et redoublèrent d'efforts pour assurer le triomphe de leur cause sublime. Au mérite des conceptions de

Jean-Jacques, ils ajoutèrent la hardiesse de l'application à une société de vingt-cinq millions d'hommes. A la même époque, la lutte entre les amis de l'égalité et les partisans de l'ordre d'égoïsme devint plus caractérisée et plus animée. Le projet de gouverner sous des formes républicaines en apparence l'Etat institué comme sous la monarchie, fut publiquement soutenu ; ceux qui dans les crises politiques craignent de perdre leurs jouissances s'y rallièrent ; et, comme la même crainte les avait attachés au royalisme, ils donnèrent lieu d'accuser les coryphées d'une semblable république, de conspirer pour le rétablissement du trône (1).

Son triomphe.

Tels étaient alors le nombre et le crédit des amis sincères de l'égalité, que les poignards de l'aristocratie n'avaient pas encore moissonnés ; telle était l'activité que l'espérance d'un prochain adoucissement entretenait dans la multitude, et telle était la force de ceux qui, aspirant à remplacer les anciens grands, se faisaient les apôtres hypocrites de l'égalité qu'ils abhorraient, que les partisans de l'ordre d'égoïsme furent attaqués, vaincus et forcés au silence : c'est là ce qui produisit les divisions de la Convention nationale avant le 31 mai 1793, et la guerre qui suivit cette mémorable journée.

De la victoire du 10 août résultèrent immédiatement quelques progrès de la cause populaire : peu de jours après la chute du trône, l'exercice des droits politiques fut rendu à tous les citoyens ; tous furent déclarés éligibles aux fonctions publiques, et il fut solennellement reconnu que nulle constitution ne peut être imposée au peuple sans son consentement. En même temps, le mariage fut léga-

(1) Il y en avait qui étaient effectivement dévoués à la cause royale ; d'autres s'accommodaient également de tous les régimes par lesquels ils espéraient conserver la considération et le pouvoir. L'intérêt que les uns et les autres prirent à la vie du roi, traduit devant la Convention, donna un grand poids à l'inculpation de royalisme dirigée contre eux.

lement débarrassé de cette désespérante indissolubilité, qui le rend souvent aussi contraire au bonheur des individus et des familles que funeste au mœurs et à la liberté. C'est un fait d'observation que l'accroissement ou la diminution de l'énergie nationale pour la défensé de la Révolution, selon que les lois semblaient favoriser l'égalité ou s'en éloigner. La classe laborieuse et si injustement méprisée a enfanté tant de prodiges de dévouement et de vertu; presque tout le reste a constamment entravé la régénération publique.

Aristocrates dans la Convention nationale, avant le 31 mai 1793.

Nul doute que l'ordre d'égoïsme ou d'aristocratie (1) n'eût dans la Convention nationale de nombreux et adroits défenseurs: les preuves en sont dans les astucieuses harangues et dans les écrits des Vergniaud, des Guadet, des Rabaud, des Brissot, des Gorsas, des Condorcet, des Lanjuinais, des Louvet, des Barbaroux, et de tant d'autres de la même couleur; dans leurs transactions avec la cour; dans leurs perpétuelles invectives contre tout ami de l'égalité; dans la haine qu'ils vouèrent aux véritables directeurs de l'insurrection du 10 août; dans leurs liaisons avec Narbonne, Dumouriez, Custine, et autres généraux infidèles; dans leurs constante opposition à l'établissement de l'impôt progressif (2); dans l'intérêt qu'ils prodiguèrent aux roi, traduit au tribunal de la nation; dans leurs mesures hostiles contre les partisans de la démocratie; dans l'effroi qu'ils s'efforcèrent d'inspirer au riches et aux hommes corrompus; dans les brandons de la discorde

(1) L'aristocratie, ou pouvoir souverain exercé par une partie de la nation sur le tout, est une suite inévitable de l'inégalité consacrée par l'ordre d'égoïsme.

(2) L'impôt progressif diffère de l'impôt proportionnel, en ce que le rapport de celui-ci au revenu, quelque élevé qu'il soit, est toujours le même, tandis que dans celui-là ce rapport croît avec le superflu. L'impôt progressif empêche les grandes fortunes et ménage les petites.

secoués par eux sur la France entière ; et dans leur opiniâtre persévérance à faire consacrer par les lois leurs prinpes antipopulaires (1).

Il s'agissait de donner une constitution à la République naissante ; le besoin d'une autorité régulière se faisait généralement sentir, et on pensait assez communément qu'une bonne distribution des pouvoirs suffirait seule pour assurer au peuple les bienfaits de l'égalité et de la liberté, après lesquels il soupirait.

Les amis de l'égalité n'approuvent pas que l'on s'occupe d'une Constitution.

Cependant les plus clairvoyants parmi les amis de l'égalité ne partageaient pas cette manière de penser. Quoi qu'on en ait dit, les aristocrates de la Convention étaient plus pressés de travailler à cette Constitution que les amis de l'égalité, qui, étant bien moins nombreux, sentaient que, sans un événement propre à effrayer leurs adversaires, non-seulement on ne pouvait obtenir une réforme dans les éléments civils de la société, mais il était même impossible d'établir une organisation fondée sur l'égalité des droits politiques. Cet empressement des aristocrates était donc une branche de la vaste conspiration contre les droits naturels des hommes, et il fallait en éloigner les principaux instigateurs (2), avant que l'on pût compter sur la réussite des efforts d'une poignée de gens de bien.

(1) La liberté d'une nation résulte : 1° de l'égalité que les lois font régner dans les conditions et dans les jouissances des citoyens ; 2° de la plus grande extension donnée à l'exercice de leurs droits politiques. Le projet du premier comité de Constitution de la Convention nationale, composé presque en totalité de Girondins, en négligeant absolument la première condition, livrait le peuple à l'influence des riches, des oisifs et des intrigants, par le développement qu'il semblait donner à la seconde.

(1 Cette faction fut appelée *girondine* parce qu'elle reconnaissait pour chefs presque tous les députés du département de la Gironde à l'Assemblée législative et à la Convention.

Lorsque la première déclaration des droits fut proclamée par

Conspiration du 31 mai 1793.

On conspira contre les nombreux conspirateurs qui s'étaient introduits dans les principales autorités de la Ré-

l'Assemblée constituante, l'application franche et entière des principes d'équité naturelle dont quelques-uns y étaient consacrés, répugnait déjà aux hommes égarés par une fausse science ou corrompus par les vices de la civilisation ; ils méditaient dès-lors comment ils éluderaient ces principes, tout en paraissant y applaudir.

Ce fut là l'origne des factions qui, sous les trois premières assemblees nationales, s'efforcèrent d'arrêter l'élan du peuple français vers son affranchissement total, et de fixer la Révolution aux systèmes politiques qu'ils jugeaient les plus favorables à leurs passions ou les plus conformes à leurs doctrines. Elles nuisirent à l'établissement de la liberté, beaucoup plus que l'opposition ouverte des castes privilégiées, parce qu'elles trompèrent le peuple en empruntant le langage du patriotisme.

A la fin de l'Assemblée constituante, l'esprit de ces factions y était prédominant, et le parti qui demeura fidèle à la cause publique y eût été inaperçu, s'il ne s'était pas fait remarquer par l'énergie de ses réclamations. C'est à cet esprit qu'il faut attribuer les pas rétrogrades et les contradictions de cette Assemblée.

Au mépris de l'égalité des droits qui avait été décrétée, des millions de citoyens furent privés du droit de suffrage et d'éligibilité. Une loi de sang fut opposée aux plaintes qu'excitait le malaise du peuple et la marche équivoque du législateur. Celui-ci s'obstina, en dépit du bon sens et du vœu national, à replacer le dépôt de la Constitution entre les mains de ce roi qui venait de s'en déclarer ouvertement l'ennemi, et dont il augmenta alors la puissance au lieu de la restreindre ; il fit couler au Champ-de-Mars le sang des citoyens qui s'apprêtaient à solliciter une décision contraire ; il força le peuplo à recourir à la violence pour obtenir une justice qu'un simple décret eût alors paisiblement opérée ; il porta atteinte au droit de s'assembler, et voulut enchaîner à jamais la nation au char de l'aristocratie.

Le mépris réel que l'Assemblée constituante eut pour la masse du peuple lui inspira ces ménagements, avec lesquels elle sapa d'une main timide le pouvoir royal dont elle voulut, tout en l'ébréchant, se faire un rempart contre l'effervescence démocratique. De là vint aussi sa négligence à profiter de l'enthousiasme populaire et des fautes de la cour, pour anéantir la monarchie ou pour la resserrer

publique : on conspira pour la défense des droits imprescriptibles de l'humanité, contre l'orgueil et l'avarice qui

dans des limites qui eussent pu en faire à peu près une république véritable.

Tels sont les motifs des méfiances qui s'élevèrent contre les Lameth, contre La Fayette, contre la minorité de la noblesse et contre plusieurs membres marquants du tiers-état. Les mêmes vues furent partagées par ce fameux Mirabeau que l'extrême corruption de ses mœurs porta à se faire, à beaux deniers comptants, le champion de la monarchie qu'il venait de combattre.

Mais l'amour du luxe, la soif de l'or et le désir de briller et de dominer n'étaient pas le partage exclusif de la noblesse. Il y avait, entre elle et la classe immense des hommes laborieux, une autre classe nombreuse de roturiers qui brillaient par les richesses, par la politesse des manières, par la finesse de l'esprit, par le babil, par le relâchement des mœurs et par l'irréligion. Celle-ci dédaignait aussi la masse du peuple, se croyait faite pour la maîtriser, se prétendait la partie saine de la nation, ajoutait la souplesse et la jalousie aux vices des nobles qu'elle aspirait à remplacer.

Cette classe se composait en grande partie d'avocats, de procureurs, de médecins, de banquiers, de riches marchands, de bourgeois opulents et d'hommes de lettres faisant de la science un trafic et un moyen de parvenir. Avide, vaine et remuante, elle se livra aux premiers mouvemens de la révolution et y fit participer la multitude que le besoin et le défaut d'instruction mettaient dans sa dépendance. Ses membres, maîtres en beaucoup de lieux de tribunes aux harangues et des administrations, parvinrent, par les suffrages de leurs amis, à l'Assemblée législative et à la Convention, où ils formèrent le noyau de la faction girondine.

En général les girondins ne voulaient pas de l'ancien régime dans toute sa laideur, mais ils ne voulaient pas non plus que le nouveau allât jusqu'à les confondre avec ce qu'ils appelaient le bas peuple, et les dépouillât de cette supériorité qui leur était si profitable. Que la France fût gouvernée monarchiquement ou républicainement, au fond ils ne s'en inquiétaient guère, pourvu qu'eux et les leurs demeurassent les possesseurs et les dispensateurs des faveurs qui émanent de la puissance, et que la souveraineté du peuple ne fût, en réalité, qu'un mot heureusement inventé pour mieux assurer la soumission et l'obéissance du public aux lois par eux imaginées et exécutées.

Aussi les vit-on, sous l'Assemblée législative, combattre et favo-

la désolent, et, tandis que les aristocrates que la Convention renfermait dans son sein donnaient le signal de la

riser tour à tour les intérêts particuliers de Louis XVI, selon que celui-ci prétendait suivre les plans de ses anciens courtisans ou se conduire d'après les conseils de cette faction. Les vues personnelles de ses chefs, dans les négociations secrètes qu'ils entamèrent avec le roi, dans les conseils officieux qu'ils lui donnèrent à l'effet d'affermir son pouvoir, furent prouvées par pièces écrites et par témoins. Des girondins notables dans leur parti n'ont pas craint de déposer dans leurs Mémoires l'aveu de leur attachement à la monarchie, et du désir qu'ils eurent de la rétablir quand elle n'existait plus.

C'est, ce me semble, une erreur grossière de croire que les girondins étaient de vrais amis de la liberté ou de francs républicains. S'ils l'avaient été, se seraient-ils tant acharnés à dénigrer et poursuivre cette municipalité parisienne du 10 aout, à laquelle fut principalement dû le triomphe de cette journée? Eussent-ils songé, pendant que le combat durait encore, à refroidir, sous prétexte de rétablir l'ordre, l'enthousiasme populaire qu'il était si important d'entretenir et d'accroître? Eussent-ils tant déclamé contre ces exécutions terribles mais irréparables des 2 et 3 septembre, évidemment résolues dans l'intention d'affermir la révolution, et suites déplorables des hostilités patentes et cachées des ennemis de la liberté, et des dangers graves et imminents dont le peuple français était alors menacé? Eussent-ils converti le sanctuaire des lois en une arène de gladiateurs par leurs violentes et calomnieuses accusations, intentées contre ceux qui avaient le plus concouru à soutenir le courage du peuple? Eussent-ils effrayé les riches, semé la division et parlé de fédéraliser la France, au moment où la plus parfaite unité lui était nécessaire pour repousser la coalision armée des rois? Eussent-ils, même après leur expulsion de la Convention, élévé autel contre autel, allumé la guerre civile, et cherché à armer les départements contre cette commune de Paris à la quelle en voulait principalement l'ennemi étranger? Eussent-ils, enfin, pu ignorer que le moyen unique de bronzer la Révolution et d'éterniser la liberté, le bonheur et la paix, était de seconder le peuple, de satisfaire les vœux secrets de tant de millions d'opprimés, et de répandre également les bienfaits de la société sur chacun de ses membres?

Malheureuse Gironde! ce ne fut pas non plus sans raison qu'on

proscription générale des amis de l'égalité, appelés par eux *anarchistes*, le peuple de Paris porta l'effroi dans l'âme

t'attribua le dessein de relever le trône. N'y avait-il pas quelques royalistes parmi ces girondins qui se battirent à Lyon contre la République, sous les ordres d'un officier du roi, et reçurent dans leurs rangs les émigrés qu'ils tirèrent de prison ou qui accoururent en foule dans cette ville révoltée? N'y avait-il pas quelques royalistes parmi ces autres girondins qui livrèrent Toulon à l'ennemi et y établirent le même jour le gouvernement royal?

L'esprit servile de la Gironde paraît à découvert dans la proposition qu'elle soutint avec opiniâtreté, de soumettre à la ratification des assemblées primaires le jugement contre Louis. Vainement prétendait-elle qu'elle rendait, par-là, hommage à la souveraineté du peuple, puisqu'il s'agissait d'un acte judiciaire et nullement d'une loi. Pouvait-elle se flatter de graver dans le cœur des Français la haine de la royauté, sur quoi devait reposer la République, en introduisant, en faveur du roi captif, un privilége si nouveau? Comment ne craignait-elle pas d'exposer la France à des longueurs et à des déchirements qui eussent pu creuser le tombeau de la liberté? Un tel exemple d'irrésolution, de crainte et de respect servile pour un trône en poussière était-il un bon moyen de renforcer dans l'âme des citoyens le courage et la vertu qui leur étaient si nécessaires pour échapper aux violences et aux piéges des ennemis de la Révolution? Est-ce en tergiversant qu'on élève les caractères? est-ce en tremblant qu'on brise les chaînes des nations? Si l'on veut à tout prix voir des républicains dans les girondins, il faut, au moins, avouer que leur conduite fut absurde, et que s'ils désiraient une république, elle était telle, que l'oppression qu'elle eût fait peser sur le peuple lui aurait bientôt fait regretter l'ancienne servitude.

Malheureuse Gironde! jouet de ta vanité, tu ne sus être ni franchement royaliste, ni positivement républicaine; tu nous fis d'autant plus de mal que tu couvris tes fautes des apparences du patriotisme et de la modération, et que tu rendis urgente et nécessaire cette sévérité qui sauva d'abord la République, mais qui fournit ensuite tant d'auxiliaires à ceux par qui elle a été successivement démantelée et détruite.

Malheureuse Gironde! en combattant les hommes sincèrement voués au bonheur du peuple, tu les livras sans défense aux pervers qui les immolèrent au 9 thermidor; n'écoutant que les conseils de

des députés infidèles, et les força (1) à livrer à la justice nationale les chefs de leur complot. La liberté de la Convention fut violée pour sauver celle du peuple ; le pouvoir des mandataires fut comprimé pour faire respecter la souveraineté nationale dont la majorité d'entre eux se jouait impudemment.

A défaut des écrits, des discours et des faits qui prouvent la réalité de cette trame, on la reconnaîtrait facilement dans la coalition de presque tous les riches contre la révolution du 31 mai 1793, et dans la rapidité avec laquelle se propagèrent depuis les vérités démocratiques.

Démocratie en France : ce que c'est :

Il ne faut pas croire que les révolutionnaires français aient attaché à la démocratie qu'ils demandaient le sens qu'y attachaient les anciens. Personne ne s'avisa en France d'appeler le peuple entier à délibérer sur les actes de gouvernement. Pour eux la démocratie est *l'ordre public dans lequel l'égalité et les bonnes mœurs mettent le peuple à même d'exercer utilement la puissance législative.*

Petit nombre d'amis sincères de l'égalité dans la Convention nationale.

Les événements postérieurs ont, je crois, suffisamment prouvé que les démocrates ne furent jamais nombreux dans la Convention nationale ; il s'en fallut beaucoup que l'insurrection du 31 mai eût transmis la suprême influence aux seuls amis sincères de l'égalité : ses faux et intéressés

la vengeance, tu provoquas après cette époque le massacre des républicains ; et ton esprit aristocratique créa la constitution de l'an III, à laquelle nous dûmes la tyrannie de Buonaparte qui fut en grande partie ton ouvrage. Que d'autres vantent l'éloquence des girondins, nous ne pouvons faire leur éloge, sous aucun rapport, parce que nous sommes convaincus que leur influence a été une des causes les plus actives de la décadence de la révolution, de la chûte de la République et de la perte de la liberté.

(1) Le 31 mai 1793 et jours suivants.

défenseurs parurent triompher avec elle ; mais, destructeurs actifs à leur profit, il se jetèrent dans le système qu'ils avaient combattu, quand il fallut réédifier pour le peuple.

Parmi les hommes qui brillèrent dans l'arène révolutionnaire, il en est qui, dès le commencement, se prononcèrent pour l'affranchissement réel du peuple français. Marat, Maximilien Robespierre et Saint-Just figurent glorieusement avec quelques autres dans la liste honorable des défenseurs de l'égalité. Marat et Robespierre attaquèrent de front le système antipopulaire qui prévalut dans l'Assemblée constituante; dirigèrent, avant et après le 10 août, les démarches des patriotes : arrivés à la Convention, ils y furent en butte à la haine et aux calomnies du parti de l'égoïsme qu'ils confondirent; s'élevèrent dans le jugement du roi à la plus haute philosophie, et eurent une grande part aux événements du 31 mai et jours suivants (1), dont les faux amis de l'égalité détruisirent enfin l'heureuse influence.

Déclaration des droits par Robespierre.

Avant la chute de la faction girondine, Robespierre croyait que la Convention, dominée par elle, était dans l'impossibilité d'enfanter de bonnes lois; il pensait d'ailleurs que, dans les circonstances critiques de ce temps-là, le premier soin des mandataires du peuple devait être d'anéantir les nombreux ennemis qui, au dedans et au dehors, menaçaient l'existence de la République : mais, voyant que les Girondins étaient pressés de consacrer par

(1) La France dut à la politique raisonnable et vigoureuse qui suivit ces événements cet élan généreux et universel qui lui fit écraser en peu de temps les factieux de l'intérieur et les armées des rois coalisés contre la liberté, auxquelles les vues aristocratiques et la conduite équivoque de la Gironde préparaient un triomphe assuré.

Ce fut là un effet du courage et de la fermeté des *montagnards*, opposés aux girondins dans la Convention nationale : à cette époque la *Montagne* était composée des vrais amis de l'égalité et de ceux qui, pour des vues personnelles, en affichaient les principes.

la législation leurs principes aristocratiques, il opposa à leurs projets sa *Déclaration des droits*, dans laquelle ses intentions populaires paraissent à découvert. En rapprochant les doctrines politiques renfermées dans cet écrit et dans les discours que Robespierre prononça dans les derniers temps de sa vie, de la pureté de ses mœurs, de son dévouement, de son courage, de sa modestie et de son rare désintéressement, on est forcé de rendre un éclatant hommage à une si haute sagesse, et on ne peut que détester la perversité ou déplorer l'incompréhensible aveuglement de ceux qui ourdirent et consommèrent son assassinat (1).

(1) On a tant calomnié cet illustre martyr de l'égalité, qu'il est du devoir de tout écrivain honnête de consacrer sa plume à en venger la mémoire ; je ne saurais mieux le faire qu'en transcrivant ici son projet de déclaration des droits : cette pièce remarquable jette le plus grand jour sur le véritable but que se proposaient les hommes si furieusement proscrits depuis la mort de ce célèbre législateur. On y admirera la définition du droit de propriété, qui cesse d'être au nombre des droits principaux, pour faire place à celui de pourvoir à la conservation de l'existence ; les limites posées à ce même droit de propriété ; l'institution de l'impôt progressif ; le concours de tous à la formation de la loi ; l'extirpation de la misère ; l'instruction assurée à tous les citoyens ; et le droit de résistance à l'oppression, déterminé de manière à devenir un obstacle insurmontable à l'arbitraire des agents publics et à la tyrannie même des lois.

DÉCLARATION

DES DROITS DE L'HOMME ET DU CITOYEN PROPOSÉE PAR MAXIMILIEN ROBESPIERRE.

« Les représentants du peuple Français réunis en Convention na-
« tionale, reconnaissant que les lois humaines qui ne découlent point
« des lois éternelles de la justice ne sont que des attentats de l'i-
« gnorance et du despotisme contre l'humanité ; convaincus que
« l'oubli et le mépris des droits naturels de l'homme sont les seules
« causes des crimes et des malheurs du monde, ont résolu d'expo-
« ser, dans une déclaration solennelle, ces droits sacrés et inalié-
« nables, afin que tous les citoyens, pouvant comparer sans cesse les
« actes du gouvernement avec le but de toute institution sociale,
« ne se laissent jamais opprimer et avilir par la tyrannie ; afin que

Constitution de 1793.

Cependant la Constitution de 1793, rédigée à la suite de l'insurrection du 31 mai par la partie de la Convention

« le peuple ait toujours devant les yeux les bases de sa liberté et « de son bonheur, le magistrat la règle de ses devoirs, le législateur « l'objet de sa mission.

« En conséquence, la Convention nationale proclame, à la face de « l'univers et sous les yeux du législateur immortel, la déclara- « tion suivante des droits de l'homme et du citoyen ! »

Article 1er. — Le but de toute association politique est le maintien des droits naturels et imprescriptibles de l'homme, et le développement de toutes ses facultés.

Art. 2. — Les principaux droits de l'homme sont ceux de *pourvoir à la conservation de l'existence* et la *liberté.*

Art. 3. — Ces droits appartiennent également à tous les hommes, quelle que soit la différence de leurs forces physiques et morales.

L'égalité des droits est établie par la nature ; la société, loin d'y porter atteinte, ne fait que la garantir contre l'abus de la force qui la rend illusoire.

Art. 4. — La liberté est le pouvoir qui appartient à l'homme d'exercer à son gré toutes ses facultés ; elle a la justice pour règle, les droits d'autrui pour bornes, la nature pour principe, et la loi pour sauvegarde.

Art. 5. — Le droit de s'assembler paisiblement, le droit de manifester ses opinions, soit par la voie de la presse, soit de toute autre manière, sont des conséquencessi nécessaires du principe de la liberté de l'homme, que la nécessité de les énoncer suppose ou la présence ou le souvenir récent du despotisme.

Art. 6. — La propriété est le droit qu'a chaque citoyen de jouir et de disposer à son gré de *la portion de bien qui lui est garantie par la loi.*

Art. 7. — Le droit de propriété est borné comme tous les autres par l'obligation de respecter les droits d'autrui.

Art. 8. — Il ne peut préjudicier ni à la sûreté, ni à la liberté, ni à l'existence, ni à la propriété de nos semblables.

Art. 9. — Tout trafic qui viole ce principe est essentiellement illicite et immoral.

Art. 10. — La société est obligée de pourvoir à la subsistance

qu'on appelait alors la *Montagne*, ne répondit pas complètement aux vœux des amis de l'humanité. On regrette

de tous ses membres, soit en leur procurant du travail, soit en assurant les moyens d'exister à ceux qui sont hors d'état de travailler.

Art. 11. — Les secours indispensables à celui qui manque du nécessaire sont une dette de celui qui possède le superflu. Il appartient à la loi de déterminer la manière dont cette dette doit être acquittée.

Art. 12. — Les citoyens, dont les revenus n'excèdent point ce qui est nécessaire à leur subsistance, sont dispensés de contribuer aux dépenses publiques ; les autres doivent les supporter *progressivement* selon l'étendue de leur fortune.

Art. 13. — La société doit favoriser de tout son pouvoir les progrès de la raison publique, et mettre l'instruction à la portée de tous les citoyens.

Art. 14. — *Le peuple est le souverain* ; le gouvernement est son ouvrage et sa propriété; les fonctionnaires publics sont ses commis.

Le peuple peut, quand il lui plaît, changer son gouvernement et révoquer ses mandataires.

Art. 15. — La loi est l'expression libre et solennelle de la volonté du peuple.

Art. 16. — La loi doit être égale pour tous.

Art. 17. — La loi ne peut défendre que ce qui est nuisible à la société; elle ne peut ordonner que ce qui lui est utile.

Art. 18. — Toute loi qui viole les droits imprescriptibles de l'homme est essentiellement injuste et tyrannique; elle n'est point une loi.

Art. 19. — Dans tout état libre, la loi doit surtout défendre la liberté publique et individuelle contre l'autorité de ceux qui gouvernent.

Toute institution qui ne suppose pas le peuple *bon* et le magistrat *corruptible* est vicieuse.

Art. 20. — Aucune portion du peuple ne peut exercer la puissance du peuple entier ; mais le vœu qu'elle exprime doit être respecté comme le vœu d'une portion du peuple, qui doit concourir à former la volonté générale. Chaque section du souverain assemblé doit jouir du droit d'exprimer sa volonté avec une entière liberté; elle est essentiellement indépendante de toutes les autorités constituées, et maîtresse de régler sa police et ses délibérations.

Art. 21. — Tous les citoyens sont admissibles à toutes les fonc-

y trouver les vieilles et désespérantes idées sur le droit e propriété. Au surplus, les droits politiques des citoyens sont clairement énoncés et fortement garantis; l'instruction de tous y est placée parmi les devoirs de la société;

ions publiques, sans aucune autre distinction que celle des vertus et des talents, sans aucun autre ti re qee lo confiance du peuple.

Art. 22. — Tous les citoyens ont un droit égal de concourir à la nomination des mandataires du peuple et à la formation de la loi.

Art. 23. — Pour que ces droits ne soient ponit illusoires et l'égalité chimérique, la société doit salarier les fonctionnaires publics, et faire en sorte que les citoyens qui vivent de leur travail puissent assister aux assemblées publiques où la loi les appelle, sans compromettre leur existence ni celle de leur famille.

Art. 24. — Tout ctioyen doit obéir religieusement aux magistrats et aux agents du gouvernement, lorsqu'ils sont les organes ou les exécuteurs de la loi.

Art. 25 — Mais tout acte contre la liberté, contre la sûreté ou contre la propriété d'un homme, exercé par qui que ce soit, même au nom de la loi, hors des cas déterminés par elle et des formes qu'elle prescrit, est arbitraire et nul; le respect même de la loi défend de s'y soumettre; et si on veut l'exécuter par la violence, il est permis de le repousser par la force.

Art. 26. — Le droit de présenter des pétitions aux dépositaires de l'autorité publique appartient à tout individu. Ceux à qui elles sont adressées doivent statuer sur les points qui en font l'objet; mais ils ne peuvent jamais ni en interdire, ni en restreindre, ni en condamner l'exercice.

Art. 27. — La résistance à l'oppression est la conséquence des autres droits de l'homme et du citoyen.

Art. 28. — Il y a oppression contre le corps social, lorsqu'un seul de ses membres est opprimé.

Il y a oppression contre chaque membre du corps social, lorsque le corps social est opprimé.

Art. 29. — Lorsque le gouvernement viole les droits du peuple, l'insurrection est pour le peuple et pour chaque portion du peuple le plus sacré des droits et le plus indispensable des devoirs.

Art. 30. Quand la garantie sociale manque à un citoyen, il rentre dans le droit naturel de défendre lui-même tous ses droits.

Art. 31. — Dans l'un et l'autre cas, assujettir à des formes lé-

les changements favorables au peuple y sont faciles, et l'exercice de la souveraineté lui est assuré comme il ne le fut jamais.

Est-ce à une prudente circonspection, commandée par l'attitude hostile des riches ameutés par les Girondins? Est-ce à l'influence des égoïstes dans les délibérations de la Convention nationale, qu'on doit attribuer les ménagements dont elle fit usage, et le voile sous lequel les députés amis de l'égalité, furent obligés de cacher leurs vues ultérieures?

Quoi qu'il en soit, il n'est pas moins vrai que le droit de délibérer *sur les lois, attribué au peuple, la soumission des mandataires du peuple à ses ordres,* et la *presque unanimité des voix à laquelle la constitution de* 1793 fut

la résistance à l'oppression, est le dernier raffinement de la tyrannie.

ART. 32. — Les fonctions publiques ne peuvent être considérés comme des distinctions ni comme des récompenses, mais comme des devoirs publics.

ART. 33. — Les délits des mandataires du peuple doivent être sévèrement et facilement punis. Nul n'a le droit de se prétendre plus inviolable que les autres citoyens.

ART. 34. — Le peuple a le droit de connaître toutes les opérations de ses mandataires; ils doivent lui rendre un compte fidèle de leur gestion, et subir son jugement avec respect.

ART. 35. — Les hommes de tous les pays sont frères, et les différents peuples doivent s'entr'aider selon leur pouvoir comme les citoyens du même Etat.

ART. 36. — Celui qui opprime une seule nation se déclare l'ennemi de toutes.

ART. 37. — Ceux qui font la guerre à un peuple pour arrêter les progrès de la liberté et anéantir les droits de l'homme, doivent être poursuivis partout, non comme des ennemis ordinaires, mais comme des assassins et comme des brigands rebelles.

ART. 38. — Les rois, les aristocrates, les tyrans, quels qu'ils soient, sont des esclaves révoltés contre le souverain de la terre qui est le genre humain, et contre le législateur de l'univers qui est la na-

acceptée, la firent regarder, à juste titre, comme le *palladium* de la liberté française (1).

Origine et motifs du gouvernement révolutionnaire.

Mais quelques-uns de ceux qui avaient participé à la rédaction de cette Constitution, appelée depuis *démocratique* par les patriotes, sentaient qu'elle seule ne pouvait assurer aux Français le bonheur qu'ils demandaient : ils pensaient que la réforme des mœurs doit précéder la jouissance de la liberté : ils savaient qu'avant de conférer au peuple l'exercice de la souveraineté, il fallait rendre général l'amour de la vertu ; substituer le désintéressement et la modestie à l'avarice, à la vanité et à l'ambition qui entretiennent entre les citoyens une guerre perpétuelle ; anéantir la contradiction établie par nos institutions entre les besoins et l'amour de l'indépendance, et arracher aux ennemis naturels de l'égalité les moyens de tromper, d'effrayer et de diviser : ils savaient que les mesures coactives et extraordinaires, indispensables pour opérer un si heureux et si grand changement, sont inconciliables avec les formes d'une organisation régulière ; ils savaient enfin, et l'expérience n'a que trop justifié depuis leur manière de voir, qu'établir sans ces préliminaires l'ordre constitutionnel des élections, c'est abandonner le pouvoir aux amis de tous les abus et perdre à jamais l'occasion d'assurer la félicité publique (2).

(1) Voyez cette Constitution aux pièces justificatives sous le n° 1.

(1) Tant que les choses resteront comme elles sont, la forme politique la plus libre ne sera avantageuse qu'à ceux qui peuvent se passer de travailler. La masse de nations assujettie par le besoin à des travaux pénibles et continuels, ne pouvant ni s'instruire des affaires publiques, ni assister aux assemblées où elles se traitent, et dépendant des riches pour son existence, ceux-ci disposent seuls des délibérations que des gouvernements trompeurs ont adroitement l'air de demander au peuple. Est-il à présumer que ces honnêtes gens s'oublient? Que serait-ce, s'il s'agissait de leur demander leur propre abaissement?

Aussi, à la demande de huit mille envoyés du peuple, firent-ils remplacer jusqu'à la paix la Constitution de 1793 par une forme d'autorité qui conservait à ceux qui avaient commencé ce grand ouvrage, le pouvoir de l'achever, et substituait à la fois aux chances d'une guerre ouverte contre les ennemis intérieurs de la liberté, des moyens prompts et légaux de les réduire à l'impuissance. Cette forme fut appelée *gouvernement révolutionnaire* et eut pour directeurs les membres de ce Comité de salut public auquel l'humanité faillit devoir une rédemption complète.

Ses prodiges.

Il est impossible aux âmes honnêtes de ne pas reconnaître la profonde sagesse avec laquelle la nation française fut alors dirigée vers un état où, rendue à l'égalité, elle eût pu jouir paisiblement d'une Constitution libre. On ne saurait assez admirer la prudence avec laquelle d'illustres législateurs, mettant habilement à profit les revers et les victoires, surent inspirer à la grande majorité de la nation l'abnégation la plus sublime, le mépris des richesses, des plaisirs et de la mort, et l'amener à proclamer que *tous les hommes ont un droit égal aux productions de la terre et de l'industrie.*

Et qui pourra effacer des pages de l'histoire cette étonnante métamorphose par laquelle tant d'hommes, naguère voluptueux, avides, légers et présomptueux, renoncèrent de bon cœur à mille jouissances factices, déposèrent à l'envi leur superflu sur l'autel de la patrie, fondirent en foule sur les armées des rois et se bornèrent à demander pour tout bien du pain, du fer et l'égalité?

Ces faits attestés par une infinité d'adresses, de rapports et de décrets, par les registres publics, par les annales de la France, par l'effroi non encore éteint des classes aristocratiques et par notre propre souvenir, répondent seuls aux mensonges, aux calomnies et aux sophismes par lesquels on s'est efforcé de noircir cette brillante partie de l'histoire française. A quelles hautes destinées un peuple

tous demeuraient d'accord que le salut de la République et de la liberté commandait impérieusement sa destruction.

Avant de s'occuper des moyens de l'opérer, on voulut que chaque membre fût, non-seulement convaincu de la justice de l'entreprise, mais qu'il eût aussi une idée complète de l'ordre politique qu'il convenait de substituer à celui dont on méditait l'anéantissement. On désirait sincèrement le bonheur du peuple et on sentait qu'il était contraire à ses vrais intérêts de le livrer légèrement à des convulsions dont le résultat aurait pu être d'élever une nouvelle tyrannie sur la ruine de la tyrannie existante, de créer de nouveaux priviléges et de favoriser de nouvelles ambitions.

Le comité fut d'abord un lycée politique où, après avoir démêlé les causes des maux qui affligent les nations, on parvint à poser avec précision les principes d'ordre social que l'on crut les plus propres à les en délivrer et à en empêcher le retour.

Propriété individuelle, cause de l'esclavage.

Jamais, disait-on, la masse du peuple n'est parvenue au degré d'instruction et d'indépendance nécessaire pour l'exercice des droits politiques, essentiels à sa liberté, à sa conservation et à son bonheur. Les nations les plus sages de l'antiquité eurent des esclaves qui les mettaient sans cesse en péril, et si on en excepte les Péruviens, les Paraguayens et quelques peuplades peu connues, jamais société civile ne put faire disparaître de son sein cette foule d'hommes qu'aigrit et rend malheureux l'idée des biens dont ils sont privés et dont ils croient les autres en possession. Partout la multitude rampe sous la verge d'un despote ou sous celle des castes privilégiées. Et portant ensuite les regards sur la nation française, on la voyait asservie par les manœuvres des égoïstes conquérants à la corporation des riches et des enrichis.

Quant à la cause de ces désordres, on la trouvait dans l'inégalité des fortunes et des conditions, et, en dernière analyse, dans la propriété individuelle, par laquelle les plus adroits ou les plus heureux dépouillèrent et dépouillent sans cesse la multitude qui, astreinte à des travaux longs et pénibles, mal nourrie, mal vêtue, mal logée, privée des jouissances qu'elle voit se multiplier pour quelques-uns, et minée par la misère, par l'ignorance, par l'envie et par le désespoir, dans ses forces physiques et morales, ne voit dans la société qu'un ennemi et perd jusqu'à la possibilité d'avoir une patrie.

L'histoire de la Révolution française venait à l'appui des réflexions du comité. Il y voyait la classe antérieurement riche et celle qui l'était devenue assidument occupées à s'assurer la prééminence ; il y voyait que les prétentions ambitieuses allaient toujours de pair avec la haine du travail et le désir de l'opulence ; que l'attachement du peuple aux droits de cité s'était refroidi à mesure que les institutions favorables à l'égalité avaient reçu des atteintes, et que toute la politique des aristocrates consistait à appauvrir, diviser, dégoûter, effrayer et comprimer la classe laborieuse, dont les réclamations sont par eux représentées comme les causes les plus actives de la décadence de la société.

D'après ces observations, on dut conclure que la cause toujours agissante de l'esclavage des nations est tout entière dans l'inégalité et que, tant qu'elle existera, l'exercice de leurs droits sera à peu près illusoire pour une foule d'hommes que notre civilisation ravale au-dessous de la nature humaine.

Détruire cette inégalité est donc la tâche d'un législateur vertueux; voilà le principe qui résulta des méditations du comité : comment y parvenir ? ce fut le sujet d'un nouvel examen.

Amar, qui avait vu la Convention nationale pourvoir aux besoins urgents de la patrie, par la taxe des objets vénaux, par les contributions révolutionnaires et par les réquisitions sur les riches, vantait cette manière d'enlever, ce sont ses propres mots, le superflu qui encombre les canaux trop remplis, pour le rendre à ceux qui manquaient du nécessaire. D'autres proposaient tour à tour le partage des terres, les lois somptuaires et l'impôt progressif.

Vices de lois agraires et somptuaires.

Bedon, Darthé, *Filipe le Rexéllet* et Buonarroti observaient que les législateurs, qui, pour diminuer les ravages de l'inégalité, avaient eu recours au partage des terres et aux lois somptuaires, en livrant la distribution des travaux et des biens à l'avidité et à la concurreuce, n'avaient opposé à un torrent impétueux que de faibles remparts toujours minés et renversés par l'action de l'avarice et de l'orgueil, auxquels le maintien du droit de propriété fournit constamment mille moyens de franchir tous les obstacles.

Les réquisitions, disaient-ils, les taxes, les contributions révolutionnaires, furent employées utilement pour faire face aux besoins urgents du moment et pour déjouer la malveillance des riches ; mais elles ne sauraient faire partie de l'ordre habituel de la société, sans en attaquer l'existence : car, outre qu'il serait impossible de les asseoir sans risquer d'enlever le nécessaire, elles entraîneraient le grave et irréparable inconvénient de tarir les sources de la reproduction, en enlevant aux propriétaires, à qui elles laisseraient la charge de la culture, l'encouragement de la jouissance, et seraient insuffisantes contre l'entassement sourd du numéraire, résultat inévitable du commerce vers lequel se tourneraient naturellement les spéculations de l'avidité (1).

Egalité des travaux et des jouissances ; but final de la société.

Par la loi de la nature qui fait dépendre la production

(1) L'impôt progressif serait un moyen efficace de morceler les terres, d'empêcher la cumulation des richesses, et de bannir l'oisiveté et le luxe, si l'estimation exacte des fortunes, qu'il exige, n'était pas très-difficile à atteindre : on peut bien évaluer le revenu des immeubles ; mais comment apprécier les capitaux, qu'il est facile de dérober à tous les yeux ? Cette manière d'asseoir l'impôt se-

du travail, ce travail est évidemment pour chaque citoyen une condition essentielle du pacte social ; et comme chacun, en entrant dans la société, y apporte une mise égale (la totalité de ses forces et de ses moyens), il s'ensuit que les charges, les productions et les avantages doivent être également partagés. Ils faisaient en outre remarquer que le but de la société est effectivement de prévenir les effets des inégalités naturelles; que, fût-il vrai que l'inégalité des jouissances eût hâté les progrès des arts vraiment utiles, elle doit cesser aujourd'hui que de nouveaux progrès ne sauraient rien ajouter au bonheur réel de tous ; et que l'égalité, suggérée par le simple bon sens anx fondateurs des sociétés, nous est rcommandée plus vivement encore par l'accroissement de nos connaissances, et par l'expérience journalière des maux que l'inégalité traîne à sa suite.

Ceux qui raisonnaient ainsi voyaient dans la *communauté des biens et des travaux*, c'est-à-dire dans l'égale répartition des charges et des jouissances, le véritable objet et la perfection de l'état social, le seul ordre public propre à bannir à jamais l'oppression, en rendant impossibles les ravages de l'ambition et de l'avarice, et à garantir à tous les citoyens le plus grand bonheur possible. *Bedon* avait rédigé un ouvrage dans lequel il démontrait l'injustice du droit de propriété, et développait la longue série des maux qui en sont les suites nécessaires.

Amar parut frappé d'un trait de lumière : à la première énonciation de ce système, il en devint le défenseur enthousiaste ; et, ne songeant plus qu'à en justifier et à en propager les principes, il porta en peu de temps la chaleur de son zèle jusqu'à s'en faire en public l'apologiste fougueux.

Il était reconnu dans le comité que les lois de la liberté et de l'égalité ne recevraient jamais une application utile et durable, sans une réforme radicale dans l'ordre des propriétés ; on convenait que les patriotes ne paraîtraient, aux yeux de la multitude, que des intrigants inquiets et

rait, tout au plus, un acheminement au bien ; elle pallierait le mal, mais elle n'en couperait pas la racine.

intéressés, tant qu'ils ne se feraient pas ouvertement les apôtres d'un système politique, propre à garantir sensiblement les mêmes avantages à tous les membres de la société.

Robespierre fut l'ami de cette égalité.

En développant ces idées, on parla souvent des philosophes et surtout des hommes de la révolution qui en avaient reconnu la justice. De ce nombre étaient Robespierre et ses compagnons de martyre, qui, aux yeux de ceux dont je viens d'exposer la doctrine, avaient évidemment aspiré à l'égale distribution des charges et des jouissances. Au nom de Robespierre, Amar qui, au 9 thermidor, en avait été un des plus violents persécuteurs, avoua ses torts, témoigna son repentir et ne chercha à excuser sa faute qu'en alléguant l'ignorance où il prétendit avoir été des vues bienfaisantes de celui qu'il avait calomnié et immolé.

Obstacles à son établissement.

Mais les voies de la vérité et de la justice sont difficilement aperçues de la multitude, qui ne saurait être persuadée par les mêmes motifs qui déterminent les esprits habitués à réfléchir. Les sages qui voulurent opérer le bonheur de leurs concitoyens asservis, malheureux et ignorants, en reçurent souvent en récompense la mort, sur l'accusation banale d'ambition, que leur intentèrent perfidement les adroits et éternels ennemis de l'égalité (1).

(1) Il est difficile de convaincre la multitude de l'avantage des innovations, sans le secours de l'expérience qui ne peut arriver qu'après. Aussi les plus sages législateurs de l'antiquité eurent-ils recours aux fictions religieuses, par lesquelles ils étonnèrent la foule qu'ils ne pouvaient persuader. Cet expédient, qui n'est pas sans danger, ne saurait être employé avec succès chez les peuples qui, je ne sais si heureusement ou malheureusement, cultivent la philosophie : on ne peut en faire quelque chose que par l'attrait du plaisir ou par la force.

Si le christianisme n'eût pas été défiguré par ceux qui trompent pour asservir, il eût pu être d'un grand secours aux législateurs

Le comité ne se dissimulait pas combien avaient été funestes à la cause commune et aux bonnes mœurs la catastrophe du 9 thermidor et les événements tragiques qui en furent les suites ; il savait que depuis une foule de citoyens s'étaient livrés à la plus honteuse rapacité, et n'ignorait pas que les plus petits propriétaires s'étaient rattachés à leurs possessions, auxquelles ils avaient été naguère prêts à renoncer, convaincus que toute vue d'intérêt commun avait disparu de la législation, abandonnée désormais à l'égoïsme le plus effréné. Il sentait par conséquent combien il était difficile de substituer, immédiatement et d'un seul jet, à la législation des propriétés celle incomparablement plus douce et plus équitable de l'*égalité des biens et des travaux*.

La constitution de 1793 était un acheminement à l'égalité.

Cependant rien n'était plus éloigné de cette égalité que l'ordre social établi par le Code de l'an III, dont l'affermissement allait enlever au peuple l'exercice de ses droits naturels. Cependant il paraissait au comité que pour amener le peuple à se prononcer sur l'objet constant de ses vœux secrets, que le défaut de lumières et de bonne direction l'avait toujours empêché d'atteindre, il fallait commencer par lui rendre ses assemblées, ses discussions, ses délibérations et le sentiment de sa force. Il voyait dans la Constitution de 1793 cet acheminement à un plus grand bien, et cela, joint aux motifs qui faisaient justement respecter en elle la volonté des Français librement et solennellement émise, le déterminèrent à en faire le premier point de ralliement des patriotes et du peuple.

amis de leurs semblables. La pure doctrine de Jésus, présentée comme une émanation de la religion naturelle, dont elle ne diffère pas, pourrait devenir l'appui d'une sage réforme et la source des mœurs vraiment sociales ; elles sont inconciliables avec le matérialisme qui réduit tant de gens à ne consulter, dans leur conduite, que leur intérêt direct, et à se moquer de toute vertu.

Ses défauts.

On ne se dissimulait pas les défauts de cette constitution ; on les trouvait principalement dans les articles de la déclaration des droits, qui, en définissant le droit de propriété, le consacrent dans toute son effrayante latitude. On avouait, néanmoins, que jamais ouvrage de ce genre n'avait tant approché de la perfection, et on applaudissait aux dispositions qui offraient un vaste champ ouvert à toutes les améliorations.

D'un autre côté, on considérait qu'à cette constitution se ralliaient les égaux, les démocrates moins exigeants et une grande partie du peuple ; que tous les changements deviendraient faciles, dès que l'esprit d'égalité reprendrait son essor, et qu'il y aurait un trop grand danger à courir en s'exposant aux divergences d'opinion, dans un moment où il importait de réunir toutes les forces pour attaquer avec succès un ennemi puissant.

Points de ralliement offerts aux républicains.

Après un long et sérieux examen, le comité réduisit les devoirs des amis du peuple à ces deux points cardinaux : 1° Rétablir la constitution de 1793, consentie par le peuple ; loi qui consacre franchement l'exercice de sa puissance ; moyen prompt d'arriver à l'égalité ; point de ralliement nécessaire pour renverser l'autorité existante, convaincue de tyrannie ; 2° Préparer de loin l'adoption de la véritable égalité, en la montrant au peuple comme le seul moyen de tarir à jamais toutes les sources des maux publics.

Autorité à substituer au gouvernement de l'an III.

La révolution qu'on méditait devant commencer par la destruction de la constitution de l'an III, il était naturel que le comité s'occupât des moyens de l'opérer, et de la forme publique à substituer subitement au gouvernement qu'on voulait abattre. Il était évident que la nécessité des choses et le succès même de l'entreprise voulaient qu'il y eût un intervalle entre la chute du pouvoir aristocratique et l'établissement définitif de la constitution populaire.

Ce n'était que par la force du peuple qu'on se proposait d'attaquer le gouvernement usurpateur; et cette force, on ne comptait la mettre en action que par l'ascendant de la vérité, par l'amour de la liberté et par la haine de l'oppression.

Devant revenir, dans le cours de cet ouvrage, sur la forme de l'autorité provisoire par laquelle les conjurés se proposaient de remplacer soudainement l'ordre constitutionnel de l'an III, je me bornerai ici à l'exposition succincte des avis qui partagèrent le comité.

Les uns proposaient de rappeler les débris de la convention nationale, qu'ils regardaient comme existant encore de droit; d'autres voulaient confier le gouvernement provisoire de la République à un corps nommé par le peuple de Paris en insurrection; d'autres enfin étaient d'avis de remettre, pour un temps déterminé, à un seul homme, qu'on eût appelé dictateur ou régulateur, le pouvoir suprême et le soin d'instituer la République.

On verra ci-après les raisons dont chacun étayait son opinion : il suffit pour le moment de dire que l'autorité provisoire, à la nomination des insurgents, fut préférée au rappel de la convention proposé par Amar, et à la dictature mise en avant par *Bedon*.

Tandis que le comité mûrissait ses projets, la société du Panthéon et les écrits de Babeuf devenaient pour lui des leviers du mouvement qu'il méditait : afin d'en diriger l'action, il insinuait aux orateurs de la société dont il comptait former le premier noyau de l'insurrection, d'en réprimer avec prudence les élans prématurés sans en éteindre l'énergie, et encourageait Babeuf à redoubler de zèle contre les oppresseurs, et à appeler sans ménagement le peuple à la conquête pleine et entière de ses droits.

On allait se partager en sections afin de préparer l'insurrection, poser les bases de la législation provisoire qui devait la suivre, et rédiger les institutions définitives de l'égalité, lorsque la méfiance vint ralentir les travaux du comité, qui ne tarda pas à se dissoudre.

Dissolution du comité.

Amar devint l'objet des inquiétudes communes : il était odieux à beaucoup d'amis de l'égalité autant qu'aux partisans de l'aristocratie; ceux-ci lui reprochaient la part qu'il avait eue aux poursuites dirigées contre les girondins, et la sévérité qu'il avait déployée contre les ennemis de la République; ceux-là l'accusaient d'avoir été un des plus violents proscripteurs des victimes du 9 thermidor, sur lesquelles on prétendait qu'il avait exercé des traits affreux de cruauté : on le disait vain, imprudent, intrigant et vindicatif. Mais il avait su gagner la confiance de Darthé et de Massart, et ce fut par eux que les autres membres du comité lui furent associés.

Retenus auprès d'Amar par l'ardent désir de servir la cause du peuple et par l'opinion qu'ils avaient de la sincérité du zèle qu'il manifestait, ils en étaient repoussés par d'amers souvenirs, par l'empressement même avec lequel il s'était prononcé pour le système des égaux, et même par l'injuste crainte d'une trahison.

Héron, qui avait été un des principaux agents du comité de sûreté générale de la Convention, y avait conçu contre Amar une haine implacable. Malade, mourant, à peine apprend-il que des républicains placent en celui-ci quelque confiance, qu'il se hâte de mander *Filipe le Rexellet*, le conjure au nom de la patrie de les en éloigner, et le charge de le leur peindre sous les couleurs les plus effrayantes. Le vœu de Héron ayant été rempli, le comité qui, par des motifs de prudence, venait de transférer ses séances à la rue Neuve-Egalité, fut immédiatement dissous (1).

(1) Amar avait fait quelques sacrifices pécuniaires pour la conspiration démocratique, à laquelle il ne cessa de coopérer jusqu'au moment où il fut impliqué dans l'accusation portée contre ses auteurs.

Autres réunions du même genre.

Il n'y avait pas à cette époque un véritable républicain qui ne fût conspirateur ou prêt à le devenir; tous éprouvaient éminemment le besoin de se réunir et de se concerter pour parvenir à la destruction de la tyrannie. Aussi, lorsque le comité dont je viens de parler fut dissous, se formèrent sur plusieurs points de Paris d'autres réunions du même genre, dans lesquelles on remarqua Darthé, Buonarroti, Massart, Bouin, *Eriddy*, Antonelle, Germain, Baudement, *Chintrard*, *Ready*, *Tismiot*, Dufour et Chapelle.

Ces nouvelles assemblées n'eurent pas une longue existence, parce que la surveillance de la police et une influence secrète qui tendait à rattacher à un autre centre les efforts des démocrates, les firent bientôt cesser : ce fut là que fut développé le projet de distribuer tous les patriotes en petits clubs inaperçus, dont les députés eussent formé des sociétés d'arrondissement, soumises à un comité central, lequel eût été composé d'un petit nombre de démocrates éprouvés, chargés d'imprimer au tout une impulsion uniforme.

L'esprit démocratique éclate au Panthéon.

Au Panthéon, on avait beaucoup de peine à contenir les élans de la société, devenue plus nombreuse, contre la tyrannie constitutionnelle de l'an III. Les vives discussions auxquelles donnait lieu la lecture des journaux de tous les partis, et celles encore plus animées qu'occasionna la proposition de solliciter la mise en vigueur de la loi qui attribuait aux défenseurs de la patrie un milliard de biens nationaux, ainsi que de celle qui octroyait aux citoyens pauvres d'honorables secours, y réveillèrent l'ancienne énergie démocratique, et firent connaître au gouvernement les amis les plus dévoués et les plus éloquents des principes populaires.

Position difficile des orateurs de cette société.

Quoiqu'il fût reçu parmi les panthéonistes qu'une sage

dissimulation était une précaution nécessaire pour rendre moins difficile l'accomplissement de leurs vœux, on ne pouvait empêcher les discours hardis de circuler de bouche en bouche et même d'éclater quelquefois à la tribune de la société, tantôt par un effet de zèle, et tantôt par celui d'une intrigue tendant à provoquer l'anéantissement de cette utile institution. D'ailleurs il était impossible d'inspirer au peuple de l'énergie sans lui parler de ses intérêts et de ses droits ; et la nécessité où l'on était de laisser quelque latitude aux discussions, combinée avec la circonspection dont il fallait s'armer afin de ne pas donner trop tôt l'éveil à la tyrannie, constituait les orateurs du Panthéon dans une position embarrassante, soit sous le rapport de l'intérêt public, soit sous celui de la confiance dont il importait de les maintenir en possession.

Renaissance des principes démocratiques parmi le peuple.

Pendant que la société réveillait l'attention des amis et des ennemis de l'égalité, que ces discussions étaient répétées et commentées par les journaux patriotiques, défigurées, censurées et calomniées par les écrivains contre-révolutionnaires, et que les vieux démocrates jetaient sur le Panthéon des regards d'espérance, le peuple parisien sortait graduellement de l'indifférence où ses longs malheurs l'avaient plongé, et il se formait dans tous les départements un grand nombre de sociétés correspondant secrètement avec celle de la capitale, par l'entremise de leurs membres qu'elle admettait dans son sein.

Travaux de la société du Panthéon.

Les travaux de la société du Panthéon étaient partagés comme il suit :

Lecture des journaux ;

Communication de la correspondance des membres ;

Quêtes pour les patriotes malheureux ;

Démarches pour faire rendre la liberté à ceux que l'aristocratie précipitait dans les fers.

Venaient ensuite les discussions sur la législation et sur la marche du gouvernement, les propositions et l'examen des adresses à présenter aux autorités. De vifs débats mettaient souvent à nu les sentiments généreux de ceux qui aspiraient à rendre au peuple la plénitude de ses droits, et les vues intéressées et étroites de quelques autres qui visaient à faire de la société le piédestal d'une odieuse domination.

Parmi les événements remarquables qui se passèrent dans le sein de cette société, les deux suivants méritent une attention particulière.

Distribution aux défenseurs de la patrie d'un milliard de biens nationaux.

Avant le 9 thermidor de l'an II, deux lois avaient préparé une grande réforme dans la distribution des richesses territoriales.

Par la première, un milliard de biens nationaux avait été promis aux défenseurs de la patrie.

Par la seconde, les biens des ennemis de la révolution étaient alloués aux patriotes malheureux (1).

Presque tous les panthéonistes considéraient l'exécution de la première comme la dette de la reconnaissance ; mais les plus dévoués à la cause de l'égalité y voyaient en outre un premier pas à faire pour arriver à la mise en vigueur de la seconde, et pour familiariser la nation avec le principe qui place entre les mains du souverain le droit de disposer des biens : ils sentaient d'ailleurs que ce n'était que par des discussions de ce genre qu'on pouvait réveiller dans le peuple cette énergie qui lui avait fait opérer tant de prodiges, et sans laquelle tous les efforts pour établir un ordre public raisonnable seraient vains.

Aussi la proposition de solliciter la distribution effective du milliard fut accueillie avec transport, et l'adresse qui en contenait la demande fut d'abord adoptée sans modification; cependant l'envoi en fut indéfiniment ajourné

(1) Décrets des 8 et 14 ventôse de l'an II.

dans une séance postérieure, par l'influence de quelques agents du gouvernement, qui parvinrent à replonger la majorité des membres de la société dans l'effroi d'où ils venaient à peine de sortir (1).

Intérêt de la société pour Babeuf.

La hardiesse avec laquelle Babeuf attaquait, dans son *Tribun du peuple*, la constitution en vigueur et les membres du gouvernement, fut la cause du silence rigoureux que la société du Panthéon garda longtemps sur son compte : ceux qui approuvaient les opinions du tribun craignaient de tout perdre par la précipitation ; les timides avaient peur de se compromettre ; les ennemis de la doctrine de Babeuf appréhendaient de lui donner de l'importance.

Au commencement de ventôse de la IVe année, la proscription qui pesait sur Babeuf atteignit son épouse ; elle fut arrêtée comme prévenue d'avoir distribué les écrits de son mari, dont on ne voulait en effet que savoir d'elle la demeure secrète. Au récit de cet excès de cruauté, le Pan-

(1) Les biens nationaux affectés dès le commencement à l'extinction de la dette publique ancienne, représentée par les rentes sur l'Etat, et de la nouvelle, représentée par le papier-monnaie connu sous le nom d'assignats, furent horriblement dilapidés, lorsque, après le 9 thermidor, il fut permis de les acheter sans enchères et sans publicité, par simple soumission, et d'en payer le prix en papier, qui n'avait presque plus de valeur, d'après l'expertise faite autrefois en numéraire. De là, ainsi que du brigandage de ceux qui approvisionnaient les armées, vinrent ces fortunes colossales et ce luxe effréné qui contribuèrent ensuite si puissamment à la ruine totale de la République.

Les panthéonistes représentaient dans leur adresse que, pour peu que le désordre continuât, il ne resterait pas un arpent de terre pour acquitter la dette contractée envers les défenseurs de la patrie. Déjà Robespierre s'était plaint dans ses derniers discours de la faveur accordée aux riches rentiers au détriment des pauvres, et surtout de ce que le comité des finances souffrait qu'on diminuât la masse des biens nationaux réservés au peuple.

théon retentit de mille cris d'indignation ; les amis de l'égalité élevèrent la voix en faveur du courageux Babeuf; ils obtinrent que la société solliciterait la liberté de sa femme, et que des secours pécuniaires lui seraient envoyés dans sa prison.

Schisme dans la société du Panthéon.

Le nouvel empressement avec lequel le peuple accueillait les vérités qu'il avait naguère défendues avec tant de gloire, l'esprit d'égalité qui se répandait de nouveau sur toute la France, ce nouvel élan vers la démocratie, et pardessus tout le caractère connu de plusieurs membres du Panthéon, avaient déchaîné contre cette société tous les écrivains antipopulaires, auxquels se joignirent plusieurs orateurs du conseil des cinq-cents : le gouvernement, qui, au commencement, y avait applaudi, comptant en faire l'épouvantail des royalistes, en redoutait déjà l'influence. Des agents secrets de la tyrannie, secondés par la timidité des hommes faibles, paralysèrent l'énergie de la société en y semant l'épouvante : tantôt ils lui montraient une bande d'aristocrates prêts à l'assaillir à main armée; tantôt ils étalaient à ses yeux la colère du gouvernement, irrité par la prétendue hardiesse de ses discussions. Ils ne proposaient pour tout remède que des actes de soumission et des protestations d'attachement au système établi.

Entraînée par de semblables conseils, la société se fit proposer une adresse au Directoire exécutif, dans laquelle, après mille basses flatteries, on lui faisait jurer fidélité à la constitution de l'an III. L'adresse fut vivement combattue; mais, ayant été adoptée par la majorité, elle devint le motif d'un schisme patent entre ceux qui la signèrent et ceux qui préférèrent à un lâche parjure la chance d'une nouvelle proscription. Cet éclatant dénouement mit à découvert tous les sentiments, et l'autorité usurpatrice connut avec certitude les citoyens dont elle avait le plus à redouter les principes et la fermeté.

Assignats; liberté de la presse; jurés.

Dans le cours de ses travaux, la société porta ses regards sur le crédit des assignats, sur la liberté de la presse et sur la formation du jury.

Telle était alors la rapidité avec laquelle les assignats perdaient de leur valeur, que les salaires ne pouvaient pas se mettre de niveau avec le prix des denrées, qui doublait du matin au soir; tous ceux qui vivaient de leur travail, ne pouvant plus gagner de quoi subsister, vendaient leurs meubles et leurs haillons, languissaient dans la misère et mouraient d'inanition. Une pétition des panthéonistes appela sur ce grave désordre l'attention du corps législatif.

Une autre pétition réfuta les sophismes par lesquels des voix malveillantes avaient provoqué, au sein du corps législatif, des restrictions à la liberté de la presse, afin, disait-on, de réprimer l'audace des démocrates, que la nouvelle aristocratie confondait méchamment et à dessein avec les royalistes.

Par la nouvelle législation, le droit d'être inscrit sur les tableaux des jurés d'accusation et de jugement ayant été enlevé à ceux qui ne payaient pas le cens électoral, les classes peu fortunées avaient perdu, dans les jugements, la garantie qui en résultait : de là les rigueurs juridiques pour elles, et l'indulgence pour les privilégiés. Un abus aussi dangereux que criant fut dénoncé par la société au peuple et au corps législatif, qui demeura muet.

Prudence de la société.

Ceux qui, dès le commencement, s'étaient proposé de faire de la société du Panthéon le point d'appui des restaurateurs de la démocratie, eurent toujours en vue de ranimer l'énergie populaire et de ménager en même temps l'autorité constitutionnelle, jusqu'au moment où la rectification générale de l'opinion publique permettrait de parler sans détours, et rendrait vains les efforts des oppresseurs. Conséquemment ils voulaient qu'on se bornât à disenter les droits des hommes et des peuples, en évitant toute application directe aux tyrans du jour ; et ce fut d'après leurs conseils que la société désapprouva constamment le zèle inconsidéré et peut-être simulé de ceux qui articulèrent dans son sein des dénonciations graves contre les membres du Directoire exécutif, et y proclamèrent l'insurrection.

Exclusion des conventionnels.

Les mêmes motifs de prudence firent refuser l'entrée de la société aux montagnards proscrits, dans lesquels le gouvernement voyait à tort des conspirateurs dangereux : Drouet seul fut admis (1).

Au mois de pluviôse de l'an IV, l'affluence des hommes du peuple qui se présentaient au Panthéon, le bon esprit des petites sociétés démocratiques formées dans plusieurs quartiers de Paris, et le vif intérêt que le peuple prenait au rétablissement de ses droits, avertirent les fondateurs du Panthéon que leurs vœux commençaient à s'accomplir, et qu'il était temps d'ouvrir à leurs efforts un champ plus vaste.

Jusque-là ils s'étaient bornés à rallier et à ranimer les éléments les plus actifs de la révolution : ils sentirent alors que le temps était venu d'exercer la même influence sur le peuple parisien.

Fêtes décadaires.

Cherchant à concilier la publicité indispensable des séances avec les réglements de police, et surtout avec les ménagements que commandait la prudence, ils en vinrent à se convaincre que, leur doctrine politique étant la conséquence la plus rigoureuse des lois de la nature, il était aussi raisonnable que facile de la présenter comme le code

(1) Il avait fait arrêter à Varennes le roi rebelle et fugitif, et s'était rangé, dans la Convention, sous les drapeaux de la démocratie ; fait prisonnier au siége de Maubeuge par suite de son bouillant dévouement, il était dans les cachots de l'Autriche, lors des funestes événements de thermidor, qu'il blâmait hautement.

de la divinité, c'est-à-dire comme l'objet de la religion naturelle.

En effet, la pratique d'un culte qui présente l'Être-Suprême comme le créateur, le législateur et le protecteur de l'égalité, offrait l'immense avantage de plaire à ceux qui ne tiennent au Christianisme que par sa morale, à ceux qui repoussent l'athéisme, et à ceux qui abhorrent la superstition. Elle était en outre fondée sur l'opinion des sages que l'humanité révère, et sur des raisonnements qu'il est impossible de réfuter; elle pouvait devenir, entre les mains des réformateurs, un levier puissant pour l'établissement des institutions démocratiques; elle était le seul moyen légal de parler à de grandes réunions de peuple.

On résolut donc de paraître dans des temples publics sous le titre de déistes, prêchant pour tout dogme la morale naturelle.

Et, comme il était utile d'accoutumer la multitude à remplacer les pratiques de l'Eglise catholique par d'autres pratiques, ce que le gouvernement même cherchait alors à accomplir par l'introduction des fêtes décadaires, il fut arrêté qu'on célébrerait publiquement ces fêtes, et qu'à cet effet un vaste temple serait demandé au Directoire exécutif.

Celui-ci, pénétrant le but de cette demande, dont il redouta les suites, s'y refusa sous le prétexte qu'il allait s'occuper de la célébration proposée.

Il devint alors nécessaire de tenir à la société un langage plus clair, et de lui faire entrevoir une partie des vues secrètes qu'il eût été imprudent de lui faire connaître dans leur totalité. On voulait la déterminer à se couvrir des formes religieuses, afin de jouir de la publicité et des temples garantis par la loi aux sectaires de tous les cultes.

La discussion qui s'engagea à ce sujet fut très-animée et se prolongea pendant plusieurs séances; les auteurs du projet furent obligés de combattre les orateurs qui s'efforsaient d'en empêcher l'exécution, tantôt en conseillant de s'en rapporter prudemment au gouvernement, tantôt en faisant envisager toute forme religieuse comme la source d'une nouvelle superstition.

Tous les obstacles furent enfin écartés, et la société arrêta « qu'elle emploierait les décadis à honorer en public « la Divinité par la prédication de la loi naturelle. » Une commission fut chargée de louer un temple et de préparer le catéchisme et le réglement du nouveau culte.

Haine du gouvernement contre les panthéonistes.

A la même époque, le Directoire exécutif redoutait la société du Panthéon, dont les discussions alarmaient les nombreux égoïstes de la capitale. Dès lors la police fut toute occupée à épier les propos et les démarches des orateurs panthéonistes, qui, par leur conduite publique, n'avaient fourni aucun motif décent de persécution. Cependant leur perte était jurée, et l'on guettait un prétexte pour dissoudre la société, qu'on appelait déjà un *antre de brigands*.

Leur zèle.

Vers le commencement de ventôse de l'an IV, les panthéonistes, revenus de leur ancienne stupeur, étaient généralement dévoués au triomphe de la démocratie. Au lieu d'exciter leur zèle, il fallait en modérer l'explosion, qui eût pu devenir funeste. Les émissaires que le gouvernement avait glissés dans la société, méprisés, honnis, ne pouvant plus tromper, devinrent de vils délateurs.

Lecture de l'ouvrage de Babeuf : dissolution de la société du Panthéon.

Le prétexte que le gouvernement cherchait lui fut offert par Darthé qui, voulant sonder l'esprit de la société, y fit lecture d'un cahier du *Tribun du Peuple*, dans lequel les personnes des directeurs et de quelques députés n'étaient pas plus ménagées que leur oppressive constitution et leurs tyranniques lois. Cette lecture fut couverte d'applaudissements; mais peu de jours après (1), la clôture du Panthéon fut ordonnée par le Directoire, et exécutée par le général Buonaparte (2) en personne.

(1) Le 9 ventôse de l'an IV.

(2) Buonaparte, qui commandait alors l'armée de l'intérieur, fut le véritable auteur de cette mesure. Ayant démêlé, à l'aide de nombreux agents, les vues secrètes des panthéonistes, il en fit peur au Directoire et obtint l'ordre de dissolution; il fut présent à l'exécution, et se fit remettre les clefs de la salle où la société tenait ses séances.

A plusieurs traits de cette nature, la nouvelle aristocratie dut reconnaître dans ce général, déjà célèbre par la reprise de Toulon et par la journée du 13 vendémiaire, l'homme qui pouvait un jour lui prêter un solide appui contre le peuple; et ce fut la connaissance qu'on avait de son caractère hautain et de ses opinions aristocratiques qui le fit appeler, au 18 brumaire de l'an VIII, au secours de ce parti, effrayé de la rapidité avec laquelle reparaissait alors l'esprit démocratique. Buonaparte fut porté au suprême pouvoir par une suite de la marche rétrograde qu'imprima à la révolution le 9 thermidor de l'an II, époque funeste, depuis laquelle l'autorité qui gouvernait le squelette de la république, s'étant séparée du peuple, eut sans cesse à lutter contre les royalistes d'un côté, et contre le parti démocratique mutilé, de l'autre. On la vit en effet combattre ce parti en prairial de l'an III, frapper les amis des rois en vendémiaire de l'an IV, proscrire les démocrates en floréal et en fructidor de la même année, poursuivre les royalistes en fructidor de l'an V, et briser les élections populaires en prairial de l'an VI. Dans les derniers mois de l'an VII, l'orage populaire grondant plus fort que jamais, et les armées ennemies devenant plus menaçantes, les usurpateurs de la souveraineté nationale se sentirent pressés entre les vengeances de l'ancien régime et la justice du peuple; mais, trop ennemis de l'égalité pour avoir recours à une capitulation qu'ils eussent facilement obtenue du parti populaire, ils aimèrent mieux s'exposer à toutes les chances du despotisme militaire, en livrant, le 18 brumaire de l'an VIII, la république française au pouvoir illimité d'un soldat impérieux, dont ils se flattèrent en vain de contenir l'ambition et l'audace.

Ce fut aussi par une conséquence de la politique qui prévalut au 9 thermidor de l'an II, que ceux qui présidaient aux destinées de la France furent amenés à envisager la guerre d'invasion comme un puissant moyen d'absorber l'attention de la nation, de la détourner

Perfidie du gouvernement.

Ainsi que dans tous les gouvernements aristocratiques, il y avait dans celui de la république française un esprit également opposé à l'autorité d'un seul et à la puissance du peuple. Cependant l'ardeur avec laquelle la doctrine de la souveraineté populaire avait été récemment accueillie par la généralité de la nation, et prêchée même par quelques-uns des fondateurs de la nouvelle aristocratie, ne permettait pas à celle-ci d'en faire un crime aux démocrates, en les peignant sous leurs véritables couleurs : aussi s'efforça-t-elle de les livrer à la haine publique, en les qualifiant de royalistes déguisés qui aspiraient à ramener par un long circuit la nation à la royauté, à l'aide de l'*anarchie*, avec laquelle on feignait de confondre les principes démocratiques.

On retrouve cette fourberie politique dans tous les actes de la nouvelle autorité contre le parti populaire : l'arrêté directorial, qui ferma, avec le Panthéon, plusieurs réunions royalistes rouvertes presque aussitôt, en est une

du soin de ses droits, d'évacuer progressivement l'humeur démocratique des armées, de corrompre les citoyens, et de fournir un aliment à l'ambition des généraux ; il est difficile d'expliquer autrement la conduite tenue en Italie et en Suisse, et surtout cette impolitique et criminelle expédition d'Egypte.

Le consulat et l'empire furent donc autant les suites de la guerre d'invasion, d'où sortit Buonaparte, que de la politique intérieure ; ces deux causes ont leur source commune dans les complots dont Robespierre fut la victime.

Buonaparte pouvait, par la fermeté de son caractère et par l'ascendant de ses exploits militaires, être le réparateur de la liberté française ; ambitieux vulgaire, il aima mieux lui porter les derniers coups : il tint entre ses mains le bonheur de l'Europe, et il en fut le fléau par l'oppression systématique qu'il fit peser sur elle, et par celle bien plus terrible dont il prépara les éléments, et sous laquelle furent, après sa chute, engloutis, au nom même de la liberté, tant de peuples de cette partie du globe. Plus on réfléchit sur l'enchainement des événements, plus on demeure convaincu que la contre-révolution commença le 9 thermidor.

preuve à ajouter à d'autres plus décisives, dont j'aurai occasion de parler en rendant compte de la fameuse loi du 27 germinal (1).

Rien ne coûte aux méchants pour anéantir leurs incommodes adversaires. Les amis les plus désintéressés de l'égalité furent présentés au monde comme des monstres de rapacité et d'ambition, par ceux qui n'épargnèrent ni la violence ni la calomnie pour retenir un pouvoir qui avait changé en opulence leur récente misère. De semblables imputations furent prodiguées par le Directoire aux panthéonistes, qu'il accusa d'avoir hautement demandé la constitution de 1793 et la dictature. Quant à celle-ci, il n'en fut jamais question ; et, quoique la constitution de 1793 fût dans le cœur de tous les membres de la société, ils eurent constamment la prudence de ne pas permettre qu'on en parlât à leur tribune.

Nouvelle proscription des patriotes.

Cet acte violent alarma tous les cœurs tant soit peu attachés à la liberté, et fut le signal d'une nouvelle persécution. Beaucoup de patriotes furent expulsés des fonctions publiques qu'ils remplissaient ; on rechercha les faits révolutionnaires, et on poursuivit activement les écrivains populaires.

Depuis l'ami le plus passionné de l'égalité jusqu'au patriote le plus modéré, tous furent indignés de l'atteinte portée par le directoire exécutif et par le rapport du député Mailhe sur les sociétés populaires, au droit très-restreint de s'assembler, laissé au peuple par la constitution de l'an III. La tyrannie, qui prenait par là un caractère plus menaçant et plus odieux, produisit l'effet de réunir contre elle les patriotes de toutes les nuances, et de leur faire souhaiter unanimement sa prompte destruction. Les panthéonistes, dispersés par la violence, se réunirent d'abord dans les cafés tenus par des républicains, et ensuite sur les places publiques, au retour de la belle saison.

(1) Voyez ci-après, page 147 et suiv.

Quelques écrivains s'élevèrent avec force contre l'acte directorial ; d'autres, à l'exemple de Babeuf, saisirent cette occasion pour appeler plus haut que jamais le peuple au recouvrement de ses droits.

Parmi les écrits qui circulèrent alors dans Paris, on distingua une affiche intitulée : ***Soldat, arrête et lis,*** par ***Filipe le Rexellet*** (1), et un ***Discours aux Français sur les réunions des citoyens,*** dont Antonelle fut l'auteur inconnu (2).

Le courage de Babeuf lui suscite de nombreux ennemis.

Babeuf n'avait pas discontinué de prêcher, dans son *Tribun du Peuple*, la doctrine de la pure égalité, et de reprocher leur usurpation aux fondateurs du nouveau gouvernement et à ceux qui en exerçaient les pouvoirs. Son langage austère lui avait fait des ennemis puissants, et avait indisposé contre lui les citoyens qui tenaient aux magistrats suprêmes par les faveurs qu'ils en avaient obtenues ou qu'ils en attendaient et ceux qui, croyant d'une bonne politique de feindre de se rallier à l'autorité pour l'anéantir ensuite plus facilement, l'accusaient de divulguer inconsidérément ce qu'ils appelaient le secret des démocrates.

Leur mécontentement fut si outré que quelques-uns d'entre eux résolurent de perdre ce courageux citoyen ; ils essayèrent de faire éclater contre lui l'indignation du parti populaire, en exagérant ses anciennes liaisons avec les instigateurs des crimes de thermidor, et en rappelant méchamment ses écrits contre quelques agents du gouvernement révolutionnaire.

Dans ces entrefaites, les amis prononcés de l'égalité, sentant que des principes politiques d'un intérêt généralement sensible étaient les seuls moyens propres à maintenir et à accroître l'énergie populaire, que les aristocrates s'efforçaient d'éteindre, et apercevant les services que les

(1) Voyez pièces justificatives, n° 3.

(2) Je n'ai pas pu me procurer cet écrit.

talents et la hardiesse de Babeuf pouvaient rendre à la cause publique, prirent hautement sa défense et favorisèrent par là le développement de ses plans.

Il conçoit le projet de délivrer le peuple.

Au désir d'éclairer ses concitoyens, Babeuf avait ajouté depuis longtemps celui de les aider activement à recouvrer leurs droits. Dans cette vue, il s'était attaché des amis passionnés de la démocratie, et avait cherché à connaître et à diriger les efforts faits par les démocrates chez Amar, à la rue Papillon, au faubourg Denis et partout où ils se réunissaient.

Les habitations de *Filipe le Rexellet*, *d'Eris* et de *Crexel*, furent successivement les asiles où Babeuf, encouragé et aidé par Antonelle, Buonarroti, Simon Duplay, Darthé, *Eriddy*, Germain, Silvain Maréchal et *Sombod*, s'acquittait des devoirs qu'il s'était imposés, et mûrissait son entreprise.

Ce ne fut que vers le commencement de germinal de l'an IV, que l'institution insurrectionnelle dont je vais parler reçut son existence. Il y eut avant cette époque entre Babeuf, *Filipe le Rexellet* et Silvain Maréchal, un concert qui n'eut d'abord d'autre objet que celui de régler les sujets et le ton de leurs ouvrages politiques : il paraît certain que Babeuf, qui tendait à ramener tous les mouvements à un centre unique, contribua par l'influence de ses amis à faire dissoudre les comités dont j'ai fait connaître les travaux, et dont on retrouve beaucoup d'idées dans les actes du nouveau corps insurrecteur.

Création d'un directoire secret de salut public.

Aux premiers jours de germinal, Babeuf, Antonelle, Silvain Maréchal et *Filipe le Rexellet* se constituèrent en directoire secret de salut public, et prirent la généreuse résolution de rattacher à un point unique les fils épars de la démocratie, afin de les diriger uniformément vers le rétablissement de la souveraineté du peuple (1).

Agents et leurs instructions.

Rallier et mettre sous sa main tous les amis de la liberté, en calculer les forces et leur imprimer une impulsion favorable à l'instruction et à la délivrance générale, sans risquer de compromettre par les trahisons ou par les indiscrétions ni la chose ni les personnes, furent les premiers soins du directoire : il y pourvut par un arrêté d'organisation (2), portant création d'un agent révolutionnaire principal dans chacun des douze arrondissements de Paris, et des agents intermédiaires destinés à entretenir les communications entre le directoire et ses agents révolutionnaires; à cet acte il ajouta une instruction dans laquelle, après avoir expliqué à ses agents les motifs et la justice de l'entreprise, il leur traçait la marche qu'ils avaient à suivre pour en assurer le succès (3).

Il n'y eut jamais d'autre agent intermédiaire qu'*Eriddy*, dont le zèle, l'activité, l'adresse et la discrétion furent constamment au-dessus de tout éloge. Quoique, d'après le règlement établi, cet agent ne dût connaître ni les membres du directoire ni leurs opérations, la pureté de son patriotisme, sa sagesse et sa fidélité à toute épreuve, lui méritèrent leur entière confiance; elle fut sans bornes, et il en profita pour les déterminer à s'adjoindre Darthé et Buonarroti, qui obtinrent à leur tour l'admission de *Bedon*.

Membres du directoire et leur doctrine politique.

Ainsi, au 10 germinal de l'an IV, il existait à Paris un directoire secret de salut public, institué pour rétablir le peuple dans l'exercice de ses droits; il était composé d'Antonelle, Babeuf, *Bedon*, Buonarroti, Darthé, *Filipe*

(1) Voyez pièces justificatives, n° 4.

(2) Voyez *ibid.*, n° 5.

(3) Voyez *ibid.*, n° 6.

le Rexellet et Silvain Maréchal (1), et s'assemblait dans un appartement occupé par *Crexel*, chez qui Babeuf était alors réfugié.

Il n'y avait entre eux aucune opposition de sentiments au sujet de la doctrine politique discutée chez Amar; une parfaite unanimité les unissait : tous considéraient l'égalité des travaux et des jouissances comme le seul but digne d'un vrai citoyen, et ne voyaient que là un motif légitime d'insurrection.

Leurs théories sont si importantes pour les progrès de la société, pour l'honneur de la révolution française et pour la reconnaissance des desseins du directoire secret, que je crois devoir transcrire, parmi les pièces justificatives de cet ouvrage, un écrit qui en est l'extrait. Cet écrit, imprimé par ordre du même directoire, est intitulé : *Analyse de la doctrine de Babeuf, tribun du peuple, proscrit par le directoire exécutif pour avoir dit la vérité* (2).

But définitif des conjurés.

L'égalité sans restrictions, le plus grand bonheur possible de tous, et la certitude qu'il ne leur serait jamais enlevé, étaient les biens que le directoire secret de salut public voulait assurer au peuple français; il voulait reprendre l'ouvrage brisé le 9 thermidor, et, à l'exemple des victimes de cette funeste journée, ajouter à la révolution des pouvoirs et des grandeurs celle incomparablement plus juste dont l'impartiale distribution des biens et des lumières eût été le résultat final.

(1) Silvain Maréchal rédigea le fameux manifeste des égaux, auquel le directoire secret ne voulut pas qu'on donnât aucune publicité, parce qu'il n'approuvait ni l'expression : *Périssent, s'il le faut, tous les arts, pourvu qu'il nous reste l'égalité réelle!* ni l'autre : *Disparaissez enfin, révoltante distinction de gouvernants et de gouvernés.* Voyez ce manifeste aux pièces justificatives, sous le n° 7.

(2) Voyez pièces justificatives, n° 8.

Le peuple objet et moyen du directoire secret.

Et, quoique le directoire secret sût que la réunion de la sagesse à l'autorité serait pour lui un garant du succès, il était trop convaincu que le pouvoir le mieux intentionné ne saurait se flatter d'une réussite complète et durable sans l'amour et le concours du peuple, pour ne pas placer en lui sa principale confiance.

Avant que la Révolution française eût donné au monde le spectacle nouveau de plusieurs millions d'hommes proclamant et scellant de leur sang des vérités qui, dans les temps antérieurs, n'avaient été aperçues que de quelques sages, le dessein d'émouvoir le peuple par la seule force de ces vérités eût pu paraître chimérique ; il n'en était pas ainsi à l'époque où se forma le directoire secret ; alors il s'agissait moins de créer une opinion nouvelle que de réunir en faisceau celle qui avait existé peu de temps auparavant et que la calomnie et la proscription avaient divisée et assoupie.

Il fut dans la Révolution un temps où l'espoir fondé d'une prochaine égalité attachait de cœur au nouvel ordre public la masse de la population ; déçue dans son attente, elle regretta, après le 9 thermidor, les sacrifices qu'elle s'étaient imposés et regardant comme un leurre le bonheur qu'on lui avait promis, elle commença à prendre en aversion la Révolution et ses défenseurs. Cette disposition des esprits fournit aux royalistes l'occasion de décréditer le système républicain et aux aristocrates celle de répandre l'horreur des innovations et l'indifférence politique.

D'un autre côté, la proscription avait grandement éclairci les rangs des républicains prononcés ; ceux qui restaient, dispersés par la violence ou divisés par la calomnie, n'inspiraient plus la confiance à l'aide de laquelle ils avaient conduit autrefois le peuple à la conquête de ses droits.

Dans cet état de choses, le directoire secret, qui ne voulait agir que pour et par le peuple, dut sentir qu'il lui fallait avant tout éclairer les égarés, encourager les faibles, ramener la masse à envisager les vraies causes de ses maux, tracer aux apôtres courageux de la démocratie un plan uniforme de conduite et offrir à tous un centre unique de direction.

Loin de travailler dans l'ombre comme les conspirateurs criminels, le directoire secret n'attendait le succès de son entreprise que des progrès de la raison publique et de l'éclat de la vérité.

Ce que la société du Panthéon n'avait pu qu'ébaucher, le directoire secret entreprit de l'achever ; il avait sur elle le double avantage d'être moins aperçu et de pouvoir mieux mûrir et suivre ses plans : la dissolution violente de cette société ne contribua pas peu à augmenter en lui, par le mécontentement qui en fut la suite, le sentiment de ses forces.

Il voulait établir la constitution de 1793.

Outre l'égalité réelle qu'il était juste et nécessaire de présenter au peuple comme le but véritable et légitime de la révolution, il était important d'attacher son attention à une forme d'administration propre à la conserver.

A cet égard, le directoire secret examina, avec plus de soin qu'on ne l'avait fait jusqu'alors, la constitution de 1793, à laquelle paraissaient se rallier à cette époque tous les amis sincères de la République ; et comme on y discutait en même temps les institutions qui devaient fonder l'égalité, il fut plus à même d'en démêler les défauts et de découvrir les suppléments dont elle avait besoin.

Son opinion sur cette constitution.

A l'instar du comité tenu chez Amar, nos conjurés voyaient le vice positif de cette constitution dans les articles de la déclaration des droits qui concernent la propriété. Quant à la constitution elle-même, ils jugèrent qu'elle ne garantissait pas assez le peuple des usurpations du corps législatif et des erreurs dans lesquelles il pourrait être lui-même entraîné. On verra à la fin de cet ouvrage par quels suppléments ils se proposaient de prévenir ces dangers.

Malgré ces taches, le directoire secret fut déterminé à entretenir le respect que les républicains avaient voué à cette constitution, par deux motifs suprêmes, dont l'un était *la sanction presque unanime qu'elle avait reçue de la nation;* l'autre, *le droit du peuple, par elle-même consacré, de délibérer sur les lois.* C'était surtout dans cette dernière disposition qu'il voyait le caractère distinctif de la constitution de 1793, dont presque toutes les autres parties ne lui paraissaient que des articles réglementaires.

On convint donc de prendre cette constitution pour point de ralliement, et d'en présenter l'établissement comme le moyen d'atteindre cette douce égalité, dont on ne cesserait en même temps de démontrer la justice, de demander la pratique et de développer les lois fondamentales.

La vérité premier mobile de l'insurrection populaire.

Ce n'était pas à l'aide d'une poignée de factieux ameutés par l'appât du gain ou par un fanatisme insensé que le directoire secret prétendait renverser le gouvernement usurpateur : il ne voulait employer d'autre mobile que la force de la vérité.

L'exposition franche et entière des droits du peuple et des crimes de ses oppresseurs était le seul moyen par lequel il entendait soulever contre la tyrannie la masse des Parisiens; au moment où l'indignation eût été forte et générale, il aurait levé l'étendard et donné le signal de l'insurrection.

Réunions du peuple, multipliées dans Paris.

Aussi son premier soin fut-il de travailler à convaincre et à entraîner : il n'épargna ni les discours ni les écrits; et, pour les faire circuler avec fruit, il institua dans Paris un grand nombre de petites réunions inconnues les unes aux autres, mais toutes dirigées par des démocrates qui recevaient eux-mêmes l'impulsion des douze agents révolutionnaires.

Il est bon de lire, dans l'instruction donnée à ces agents, les précautions par lesquelles le directoire de salut public s'empressa de mettre les démocrates à l'abri de l'imprudence et de la perfidie.

Dès le commencement, les agents révolutionnaires furent destinés à devenir les leviers par l'action desquels le peuple de Paris devait s'élancer sur ses tyrans ; en attendant, ils formèrent les réunions, dirigèrent les discussions populaires, répandirent les écrits, et rendirent compte au directoire secret des progrès de l'opinion, des intrigues de l'aristocratie, du nombre, de la capacité et de l'énergie des démocrates.

On ne doit pas s'étonner de ce que les mesures de nos conjurés regardaient principalement Paris : c'était au cœur qu'il fallait frapper l'aristocratie ; et l'immense population de cette commune eût facilement imprimé son mouvement aux éléments démocratiques répandus dans toute la République.

Choix des douze agents révolutionnaires.

Le choix des agents révolutionnaires était une opération majeure ; de si importantes fonctions ne pouvaient être confiées qu'à des hommes qui, à un amour constant de l'égalité, à une prudence éprouvée et à la confiance du peuple, réunissaient une grande activité et quelques lumières ; ils furent nommés par le directoire secret, à la majorité des voix et après un mûr examen des motifs allégués en faveur de chacun d'eux par ceux qui les proposaient (1).

(1) TABLEAU DES AGENTS RÉVOLUTIONNAIRES.

Arrondissements.	Sections.	Agents.	Proposants.
1	Tuileries, Piques, Champs-Elysées, République,	*Romaincolsel.*	Babeuf.

Dès que l'autorité suprême eut quitté les voies de la justice, ses décrets cessèrent d'avoir pour appui l'opinion et l'amour du peuple : autant avaient-ils été auparavant facilement et rapidement exécutés, autant rencontrèrent-ils, depuis, de froideur et de résistance. Il fallut alors substituer le ressort de la force à celui de l'affection populaire ; il fallut intimider la multitude dont on craignait le juste ressentiment.

Après s'être entourés d'une foule d'ennemis de la Révolution, desquels ils ne tardèrent pas à reconnaître la lâ-

TABLEAU DES AGENTS RÉVOLUTIONNAIRES.

Arrondissements.	Sections.	Agents.	Proposants.
2	Lepelletier, Butte-des-Moulins, Mont-Blanc, Faubourg Montmartre.	Baudement.	Darthé.
3	Brutus, Contrat-Social, Mail, Poissonnière.	Meneissier.	*Bedon.*
4	Halle-aux-Blés, Muséum, Gardes-Françaises, Marchés.	Bouin.	Buonarroti.
5	Bondy, Bonne-Nouvelle, Nord, Bon-Conseil.	*Le Himug.*	Germain.
6	Gravilliers, Lombards, Temple, Amis de la Patrie.	Claude Fiquet.	Germain.
7	Réunion, Homme-Armé, Droits-de-l'Homme, Arcis.	Paris.	Darthé.
8	Quinze-Vingts, Indivisibilité, Popincourt, Montreuil.	Cazin.	Babeuf.
9	Fidélité, Fraternité, Arsenal, Cité.	*Adery.*	Darthé.
10	Fontaine de Grenelle, Ouest, Invalides, Unité.	*Rerpino.*	Bouin.
11	Théâtre-Français, Luxembourg, Pont-Neuf, Thermes.	*Sombod.*	Babeuf et Buonarroti.
12	Panthéon, Finistère, Jardin des Plantes, Observatoire.	Moroy.	*Bedon.*

cheté et la mauvaise foi, les modérateurs du système aristocratique s'aperçurent que leur sûreté ne pouvait reposer que sur des baïonnettes aveuglément soumises à leurs créatures, et ils parvinrent, sous le prétexte de maintenir la tranquillité publique, à transformer l'enceinte de la représentation nationale, dont l'attachement des citoyens était naguère la défense unique, en un camp qui menaçait leur liberté et leur vie.

Cette armée autour et au dedans de Paris, qui en germinal et prairial de l'an III avait aidé les ennemis de la liberté à établir leur empire, fut maintenue et augmentée par le gouvernement constitutionnel ; on voyait à sa tête des ex-nobles, des détenus de l'an II, et généralement les hommes qui avaient donné d'éclatants témoignages de leur haine pour la souveraineté du peuple.

La présence de forces nombreuses et dévouées à la tyrannie, comparées à l'état de désarmement auquel l'autorité, sous le prétexte d'enlever les armes, tantôt aux royalistes, tantôt aux terroristes, avait réduit le peuple, devait décourager la multitude et lui faire redouter le moindre échec.

Au nombre des obstacles qui pouvaient s'opposer au succès de son entreprise, le directoire secret rangeait la résistance des troupes, et même l'idée seule que le peuple pourrait s'en former. Aussi songea-il de bonheur à la rendre nulle, en réveillant dans le cœur des soldats l'amour de la démocratie, en leur rappelant les grands intérêts pour lesquels ils avaient versé leur sang, et en les arrachant insensiblement à l'obéissance servile envers leurs chefs, de laquelle les tyrans leur faisaient un devoir impérieux. C'était encore par l'ascendant de la vérité que les conjurés voulaient allumer dans l'armée la haine du gouvernement aristocratique, afin de joindre par un élan unanime ses forces à celles du peuple.

Agents militaires.

A cet effet, le directoire secret ajouta successivement

aux agents d'arrondissement des agents militaires, chargés des mêmes fonctions auprès des bataillons stationnés à Paris et aux environs ; il accorda sa confiance :

A Fion pour les invalides ;

A Germain pour la légion de police ;

A *Sasemy* pour les détachements cantonnés à Franciade ;

A Vannec pour les troupes en général ;

A Georges Grisel pour le camp de Grenelle.

Le rôle que ce Grisel a joué dans le dénouement de la conspiration exige que nous fassions connaître, dans toute leur étendue, les circonstances et les motfs qui lui donnèrent accès auprès des principaux défenseurs de l'égalité.

Outre les agents civils et militaires dont nous avons parlé, le directoire secret avait institué des surveillants qui en examinaient la conduite, en rectifiaient la marche, et imprimaient à leur action une nouvelle vigueur. Darthé et Germain furent chargés de ce soin important. L'un et l'autre rendirent alors à la cause de l'égalité les services les plus signalés : c'était par eux que le directoire connaissait plus particulièrement ce qui se passait dans les rassemblements ; et c'était eux qu'il chargeait des commissions les plus difficiles, dont ils s'acquittaient avec l'exactitude et avec le courage qui décèlent une profonde conviction et un entier dévouement.

Darthé, infatigable et intrépide, habile à faire passer dans l'âme de ceux qui l'écoutaient la chaleur de la sienne, à réprimer les élans trop précipités, et à concilier les nuances d'opinion, s'attachait à encourager et réunir les amis de l'égalité, et à découvrir ceux qui pouvaient le mieux en servir la cause. Ce fut dans ces vues qu'il fréquenta le café des Bains chinois, où se rendaient journellement plusieurs démocrates, et qu'il s'y lia avec Georges Grisel, d'Abbeville, alors capitaine à la suite dans le troisième bataillon de la 38e demi-brigade de ligne, campée à la plaine de Grenelle près de Paris.

Grisel.

Grisel, qui paraît, comme tant d'autres, n'avoir vu dans la Révolution qu'une occasion d'élévation personnelle, recherchait les patriotes ; il parvint, en imitant leur langage, à passer auprès d'eux pour un ardent révolutonnaire, et dès lors il n'eut pas de peine à captiver la bienveillance de quelques démocrates qui le présentèrent à Darthé comme un homme précieux à leur parti. Les éloges imprudents que prodiguèrent à Grisel ses introducteurs, ses discours, et l'empressement avec lequel il se chargea de répandre parmi les troupes les écrits du directoire secret et rédigea lui-même une brochure insurrectionnelle, tendant à provoquer l'insubordination dans l'armée (1), persuadèrent le trop confiant Darthé de la pureté de ses intentions, et le déterminèrent à le proposer au directoire, qui avait besoin d'un agent militaire au camp de Grenelle. Il fut nommé, et les instructions relatives à sa mission lui furent délivrées par Darthé le 26 germinal (2).

Écrits démocratiques.

Dès que les agences qu'on avait instituées furent suffisamment organisées, le directoire secret s'occupa sans relâche de répandre les écrits qu'il destinait à détromper le peuple. Il s'agissait de lui prouver que sa souveraineté avait été usurpée par l'autorité existante; que la constitution de 1793 était la seule légitime ; que le bonheur de tous ne pouvait résulter que de la véritable égalité, et que les maux qu'il attribuait à la Révolution venaient uniquement de ce qu'elle n'avait pas atteint son but.

Toutes les plumes démocratiques furent mises à contribution : Babeuf développait dans son *Tribun du peuple* l'esprit de l'institution insurrectionnelle, et Simon Duplay propageait les mêmes doctrines parmi les classes les plus laborieuses, au moyen d'une petite feuille intitu-

(1) Cette brochure était intitulée : *Franc-Libre à son ami la Terreur*. Voyez pièces justificatives, n° 9.

(2) Voyez ces instructions *ibidem*, n° 10.

lée *l'Eclaireur*. Les républicains qui dirigeaient le *Journal des Hommes libres* rendirent aussi à la démocratie d'importants services, par les discussions qu'ils osèrent établir sur la forme du gouvernement et sur le grand système de l'égalité, duquel ils firent éclater la justice en provoquant de victorieuses réponses aux objections qu'ils mettaient en avant.

Un des premiers soins du directoire secret fut de signaler au peuple d'une manière positive les points auxquels il devait se rallier ; il le fit au moyen de l'*Analyse de la doctrine de Babeuf*, qui fut distribuée et affichée le 20 germinal avec une très-grande profusion ; et, quoique le gouvernement s'efforçât de dérober cet écrit à la connaissance du public, il frappa tellement toutes les têtes que les aristocrates le transcrivirent dans leurs journaux comme un chef-d'œuvre d'extravagance et d'audace, et les patriotes en firent le sujet de leurs entretiens et de leurs espérances.

Le 23 germinal parut l'*Opinion sur nos deux constitutions* (1) ; le 24 on publia la *Lettre de Franc-Libre à son ami la Terreur ;* le 25 fut mis en circulation l'écrit intitulé : *Doit-on obéissance à la constitution de* 1795 (2) ? le 27 on distribua l'*Adresse du Tribun à l'armée* (3) ; le 29 fut répandue la *Lettre en réponse à M. V.* (4), et le premier floréal fut livré au public *le Cri du peuple français contre ses oppresseurs* (5).

Misère du peuple.

Aux efforts du directoire secret prêtaient un prodigieux secours la persécution qui pesait encore sur la masse des patriotes, et la détresse toujours croissante qu'éprouvait la partie laborieuse de la nation ; c'était le moment

(1) Cette pièce a été perdue.

(2) Voyez pièces justificatives, nº 11.

(3) *Ibid.*, nº 12.

(4) *Ibid.*, nº 13.

(5) On n'a pas pu trouver cette pièce.

où le discrédit progressif des assignats, faisant resserrer les denrées, réduisait les ouvriers à se priver du nécessaire ou à aliéner les meubles et les habillements les plus indispensables (1).

Ce malaise, joint aux écrits par lesquels le directoire secret en montrait la cause et le rémède radical, produisit une fermentation si vive et si générale que bientôt le mécontentement propagé par les réunions secrètes éclata publiquement et causa les nombreux rassemblements que l'on vit, vers la moitié de germinal de l'an IV, dans les rues, sur les places et sur les ponts de Paris.

Alors les usurpateurs de la souveraineté populaire apprirent avec certitude que leurs ennemis se réunissaient en force et que le peuple, en invoquant l'égalité et la constitution démocratique, donnait des regrets aux victimes immolées à la corruption et à l'aristocratie, en thermidor de l'an II et en prairial de l'an III.

Progrès de l'esprit insurrectionnel.

Ce qui se passait à Paris, les opinions, les discours et les discussions du peuple et des soldats, tout était journellement transmis au directoire secret par les rapports de ses agents et par les communications verbales des surveillants admis dans son sein ; il en était aussi instruit par plusieurs démocrates qui s'étaient adroitement introduits dans la police du gouvernement.

Bientôt le directoire secret s'aperçut que l'effet de ses inspirations avait surpassé son attente et sentit qu'il était

(1) Ce révoltant envahissement de la fortune déjà si réduite de la classe laborieuse fut la suite de la suppression de la taxe des denrées et des contributions en nature sur les riches, deux moyens qui, avant le 9 thermidor, avaient éloigné la nécessité de recourir à une trop grande émission d'assignats ; depuis cette époque, l'approvisionnement public ayant été abandonné aux soins des propriétaires et des marchands avides, pour la plupart ennemis des réformes populaires, le pauvre fut dépouillé du nécessaire, qui servit à augmenter le superflu et le luxe des gens opulents.

urgent de rassembler tous les moyens par lesquels il comptait seconder, diriger et rendre utile l'ébranlement populaire dont on voyait les avant-coureurs.

Travaux du directoire secret.

Les conjurés s'assemblaient presque tous les soirs dans l'asile de Babeuf, auprès de qui restèrent constamment déposés les principaux papiers et le cachet de la conspiration ; ce cachet, auquel les agents révolutionnaires reconnaissaient les ordres du directoire, portait les mots *salut public* autour d'un niveau.

Pendant les séances on examinait :

Les rapports des agents et les projets de réponse ;

Les écrits à imprimer ;

Les propositions sur la forme de l'insurrection ;

Les dispositions législatives qui devaient la suivre ;

Les institutions et l'organisation de la république.

Toutes les décisions que le directoire secret rendait à la pluralité des voix étaient couchées sur un registre et servaient de bases à la correspondance et aux travaux préparatoires qui étaient répartis entre les conjurés. Rien n'était signé. Babeuf, que la proscription forçait à la retraite, fut presque le seul rédacteur des lettres et des instructions, dont les expéditions nécessaires étaient faites par un secrétaire et portées par *Eriddy* aux agents révolutionnaires.

Autorité à substituer à l'autorité existante.

Après avoir arrêté qu'on devait diriger l'action du peuple contre le gouvernement existant, et vers l'établissement de la constitution de 1793, le directoire secret eut à résoudre une question que les circonstances rendaient très-épineuse ; il s'agissait de déterminer par quelle forme d'autorité on remplacerait subitement celle dont on méditait la destruction.

On était convaincu qu'il n'était ni possible ni sans dangers d'appeler à l'instant les assemblées primaires à nom-

www.ingramcontent.com/pod-product-compliance
Lightning Source LLC
LaVergne TN
LVHW050426160826
845677LV00002BA/559

* 9 7 8 2 3 2 9 6 9 3 2 0 0 *